無限挑戰

한자퍼즐

어휘력 向上!
집중력 向上!

1

도서출판 큰그림

無限挑戰 한자퍼즐 ①

초판 발행 2020년 11월 10일

지은이 편집부
펴낸이 이강실
펴낸곳 도서출판 큰그림
등 록 제2018-000090호
주 소 서울시 마포구 양화로 133 서교타워 1703호
전 화 02-849-5069
문 자 010-6448-5069
팩 스 02-6004-5970
이메일 big_picture_41@naver.com

교정교열 김선미
디 자 인 예다움
인쇄와 제본 미래피앤피

가격 8,000원
ISBN 979-11-90976-01-5 43710

머 리 말

　「無限挑戰무한도전 漢字한자퍼즐」은 語彙力어휘력과 集中力집중력을 한꺼번에 向上향상해 줍니다. 國語국어 實力실력의 相當상당 部分부분은 漢字한자 語彙力어휘력이 左右좌우합니다. 또 漢字한자 工夫공부는 集中力집중력을 높이기에 좋은 學習학습입니다.

　이 册책에서는 가로세로 낱말퍼즐을 하며 뜻풀이를 바탕으로 여러 四字成語사자성어와 漢字한자 單語단어로 된 生活생활 用語용어를 알아맞히기 위해 생각을 한 곳으로 集中집중하는 練習연습이 계속 일어나고 答답을 漢字한자로 적으면서 자연스럽게 漢字한자를 한번 더 익히게 됩니다.

　모든 漢字한자는 퍼즐 아래쪽에 劃順획순과 함께 〈보기〉를 提供제공하고 있어 어린이부터 어른까지 누구나 쉽고 재미있게 漢字한자퍼즐 놀이를 즐길 수 있습니다.

　挑戰도전하세요! 그리고 「무한도전 한자퍼즐」을 통해 一石二鳥일석이조의 效果효과를 누려 보세요.

도서출판 큰그림 편집부

100점 만점 활용법!

※한자퍼즐에 자신 있는 분들은 〈보기〉와 급수별 한자를
활용하지 말고 바로 문제를 풀어 보세요.

01~55까지 다양한 사자성어와 한자 단어를
맞춰 보세요.

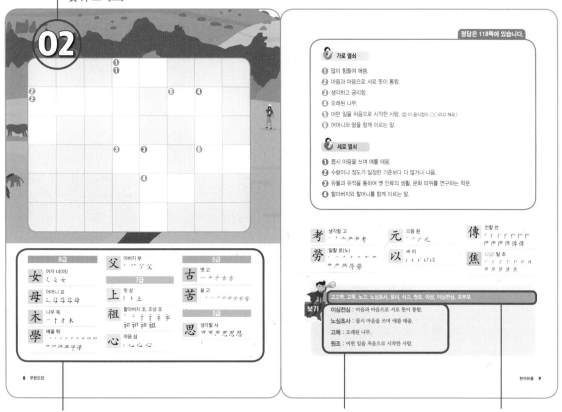

정답은 118쪽에 있습니다.

가로 열쇠

❶ 많이 힘들어 애씀.
❷ 마음과 마음으로 서로 뜻이 통함.
❸ 생각하고 궁리함.
❹ 오래된 나무.
❺ 어떤 일을 처음으로 시작한 사람. (예 이 음식점이 ○○라고 해요.)
❻ 어머니와 딸을 함께 이르는 말.

세로 열쇠

❶ 몹시 마음을 쓰며 애를 태움.
❷ 수량이나 정도가 일정한 기준보다 더 많거나 나음.
❸ 유물과 유적을 통하여 옛 인류의 생활, 문화 따위를 연구하는 학문.
❹ 할아버지와 할머니를 함께 이르는 말.

考 생각할 고
一十十芳考考

元 으뜸 원
一二デ元

傳 전할 전
ノイイ什件什
但但值值傳傳

勞 일할 로(노)
炒炒炒勞勞

以 써 이
ㅣㅌㅌ以以

焦 (2급) 탈 초
ノイ午午隹
隹隹隹焦焦

보기

고고학, 고목, 노고, 노심초사, 모녀, 사고, 원조, 이상, 이심전심, 조부모

이심전심 : 마음과 마음으로 서로 뜻이 통함.

노심초사 : 몹시 마음을 쓰며 애를 태움.

고목 : 오래된 나무.

원조 : 어떤 일을 처음으로 시작한 사람.

8급

女 여자 녀(여)
く女女

母 어머니 모
ㄴ므므므묘

木 나무 목
一十才木

學 배울 학
的的知與學學學

父 아버지 부
ノ ハ グ 父

7급

上 윗상
ㅣ ㅏ 上

祖 할아버지 조, 조상 조
ニテ두주礼
礼利祖祖

心 마음 심
心心心心

6급

古 옛 고
一十十古古

苦 쓸 고
一丶丶廿廿苦苦

5급

思 생각할 사
田田田思思思

해당하는 한자를 한자능력검정시험 급수별로
분류하여 뜻과 음, 획순을 제공했습니다. 해당
한자를 찾아 획순에 따라 써 보세요.

사자성어의 뜻과 한자 단어의
뜻을 제공합니다.

한자퍼즐의 한글 답 제공!
어려운 문제는 〈보기〉를
활용하세요.

無限挑戰
한자퍼즐
始作

01

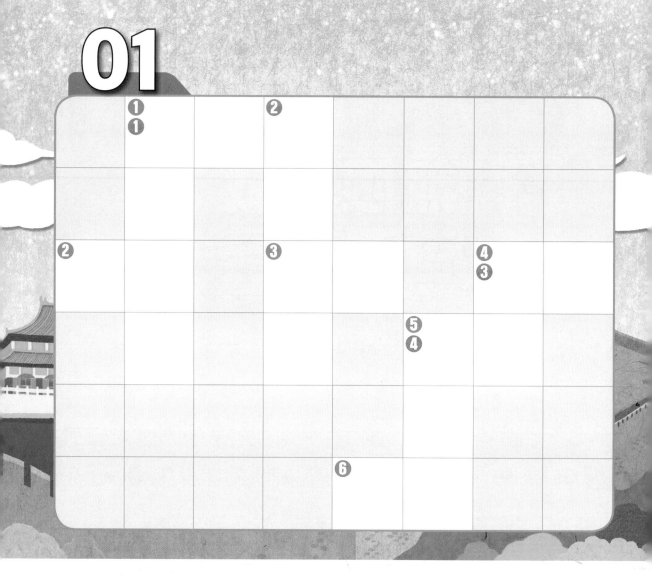

	8급		長	길 장, 어른 장 ノ ㄷ ㄷ ㅌ ㅌ ㅌ 틋 長		工	장인 공 ㅡ ㄱ 工

校	학교 교 ㅡ ㄱ ㅓ ㅓ ㅓ ㅓ ㅓ ㅓ ㅓ 校

7급

登	오를 등 フ ㅋ ㄷ ㅌ ㅆ ㅆ ㅆ ㅆ ㅆ 登 登 登

6급

雪	눈 설 ㅡ ㅜ ㅜ 雨 雨 雨 雪 雪 雪 雪 雪

女	여자 녀(여) ㄴ ㄴ 女

年	해 년(연) ノ ㅗ ㅗ ㄸ ㄸ 年

萬	일만 만 ㅡ ㅗ ㅗ ㅛ ㅛ ㅛ ㅛ ㅛ ㅛ 萬 萬 萬 萬

里	마을 리(이) 丶 ㄱ ㅁ ㅁ ㅁ ㅁ ㅁ 里

上	윗 상 ㅣ ㅏ 上

5급

船	배 선 丶 ㅓ ㅓ ㅓ ㅓ ㅓ 船 船 船 船

門	문 문 ㅣ ㅣ ㅓ ㅓ ㅓ ㅓ 門 門 門

下	아래 하 ㅡ ㅜ 下

加	더할 가 ㄱ ㄱ ㄱ 加 加 加

가로 열쇠

❶ 아주 추운 지방이나 높은 산지에 언제나 녹지 않고 쌓여 있는 눈.

❷ 배의 항해와 배 안의 모든 사무를 책임지고 선원들을 통솔하는 최고 책임자.

❸ 원자재를 인공적으로 처리하여 새로운 제품을 만듦.

❹ 사삿집이나 여관 따위에 고용되어 부엌일이나 허드렛일을 맡아서 하는 여자 하인.

❺ 학생이 학교에 감.

❻ 공기나 햇빛을 받을 수 있고, 밖을 내다볼 수 있도록 벽이나 지붕에 낸 문.

 세로 열쇠

❶ 중국의 북쪽에 있는 성. 춘추 전국 시대에 축조한 것을 진의 시황제가 크게 증축하여 완성하였다. 지금 남아 있는 것은 명나라가 몽골의 침입에 대비하여 쌓은 것이다.

❷ '눈 위에 서리가 덮인다'는 뜻으로, 난처한 일이나 불행한 일이 잇따라 일어남.

❸ 공부를 끝내고 학교에서 집으로 돌아옴.

❹ 어려운 관문을 통과하여 크게 출세하게 됨, 또는 그 관문.

窓 창 창 ` ′ ㆍ ㆍ ㆍ ㆍ ㆍ 宀 宀 宀 宀 窓 窓 窓

4급

城 성 성 一 十 土 圹 圹 圹 圻 城 城 城

龍 용 룡(용) 龍龍龍龍龍龍

霜 (3급) 서리 상 霜霜霜霜霜

 보기

가공, 등교, 등용문, 만년설, 만리장성, 선장, 설상가상, 창문, 하교, 하녀

만리장성 : 중국의 북쪽에 있는 성. 춘추 전국 시대에 축조한 것을 진의 시황제가 크게 증축하여 완성하였다. 지금 남아 있는 것은 명나라가 몽골의 침입에 대비하여 쌓은 것이다.

설상가상 : '눈 위에 서리가 덮인다'는 뜻으로, 난처한 일이나 불행한 일이 잇따라 일어남.

등용문 : 어려운 관문을 통과하여 크게 출세하게 됨, 또는 그 관문.

02

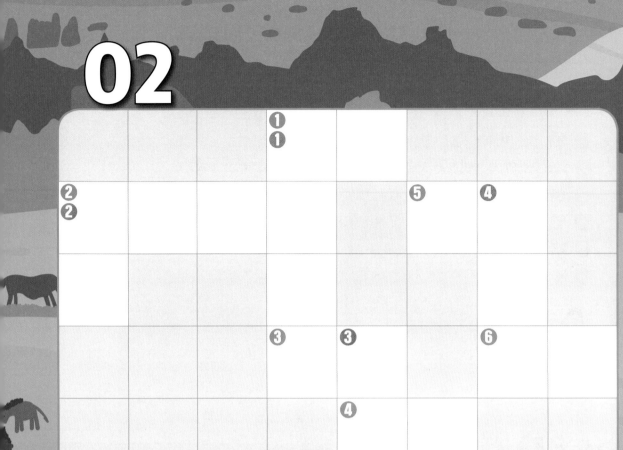

정답은 118쪽에 있습니다.

 가로 열쇠

① 많이 힘들여 애씀.

② 마음과 마음으로 서로 뜻이 통함.

③ 생각하고 궁리함.

④ 오래된 나무.

⑤ 어떤 일을 처음으로 시작한 사람. (예 이 음식점이 ○○라고 해요.)

⑥ 어머니와 딸을 함께 이르는 말.

 세로 열쇠

① 몹시 마음을 쓰며 애를 태움.

② 수량이나 정도가 일정한 기준보다 더 많거나 나음.

③ 유물과 유적을 통하여 옛 인류의 생활, 문화 따위를 연구하는 학문.

④ 할아버지와 할머니를 함께 이르는 말.

考 생각할 고
一 十 土 耂 老 考

勞 일할 로(노)
丶 丶 丷 ヅ ヅ ヅ 炊 炊 炊 炒 勞 勞

元 으뜸 원
一 二 ラ 元

以 써 이
丶 ㄴ 丷 以 以

傳 전할 전
丿 亻 亻 亻 亻 俥 俥 俥 俥 傳 傳 傳

焦 (2급) 탈 초
丿 亻 亻 亻 隹 隹 隹 隹 隹 焦 焦 焦

 보기

고고학, 고목, 노고, 노심초사, 모녀, 사고, 원조, 이상, 이심전심, 조부모

이심전심 : 마음과 마음으로 서로 뜻이 통함.

노심초사 : 몹시 마음을 쓰며 애를 태움.

고목 : 오래된 나무.

원조 : 어떤 일을 처음으로 시작한 사람.

03

			❶		❶		
					❷		
	❸❷					❺❸	
❹					❻❹		

정답은 118쪽에 있습니다.

 가로 열쇠

❶ 사실 또는 작가의 상상력에 바탕을 두고 허구적으로 이야기를 꾸며 나간 산문체의 문학 양식.

❷ 종교의 교리를 설명함. 또는 그런 설명.

❸ '쓴 것이 다하면 단 것이 온다'는 뜻으로, 고생 끝에 즐거움이 옴.

❹ 학생을 가르치는 사람.

❺ 남북으로 분단된 대한민국의 휴전선 남쪽 지역을 가리키는 말. ≒ 이남(以南)

❻ 바람이 불어오는 방향.

세로 열쇠

❶ 서로 변론을 주고받으며 옥신각신하거나 말이 오고 감.

❷ 어렵고 고된 일을 겪음. 또는 그런 일이나 생활.

❸ 남쪽으로 향함.

❹ 바람처럼 떠도는 소문.

4급	
	달 감 一 十 廿 廿 甘
	갈 왕 丿 彳 彳 彳 彳 往 往 往
	다할 진 コ コ ヨ 肀 聿 聿 聿 盡 盡 盡 盡 盡 盡 盡

보기

고생, 고진감래, 남한, 남향, 선생, 설교, 설왕설래, 소설, 풍문, 풍향

고진감래 : '쓴 것이 다하면 단 것이 온다'는 뜻으로, 고생 끝에 즐거움이 옴.

설왕설래 : 서로 변론을 주고받으며 옥신각신하거나 말이 오고 감.

설교 : 종교의 교리를 설명함. 또는 그런 설명.

소설 : 사실 또는 작가의 상상력에 바탕을 두고 허구적으로 이야기를 꾸며 나간 산문체의 문학 양식.

풍문 : 바람처럼 떠도는 소문.

04

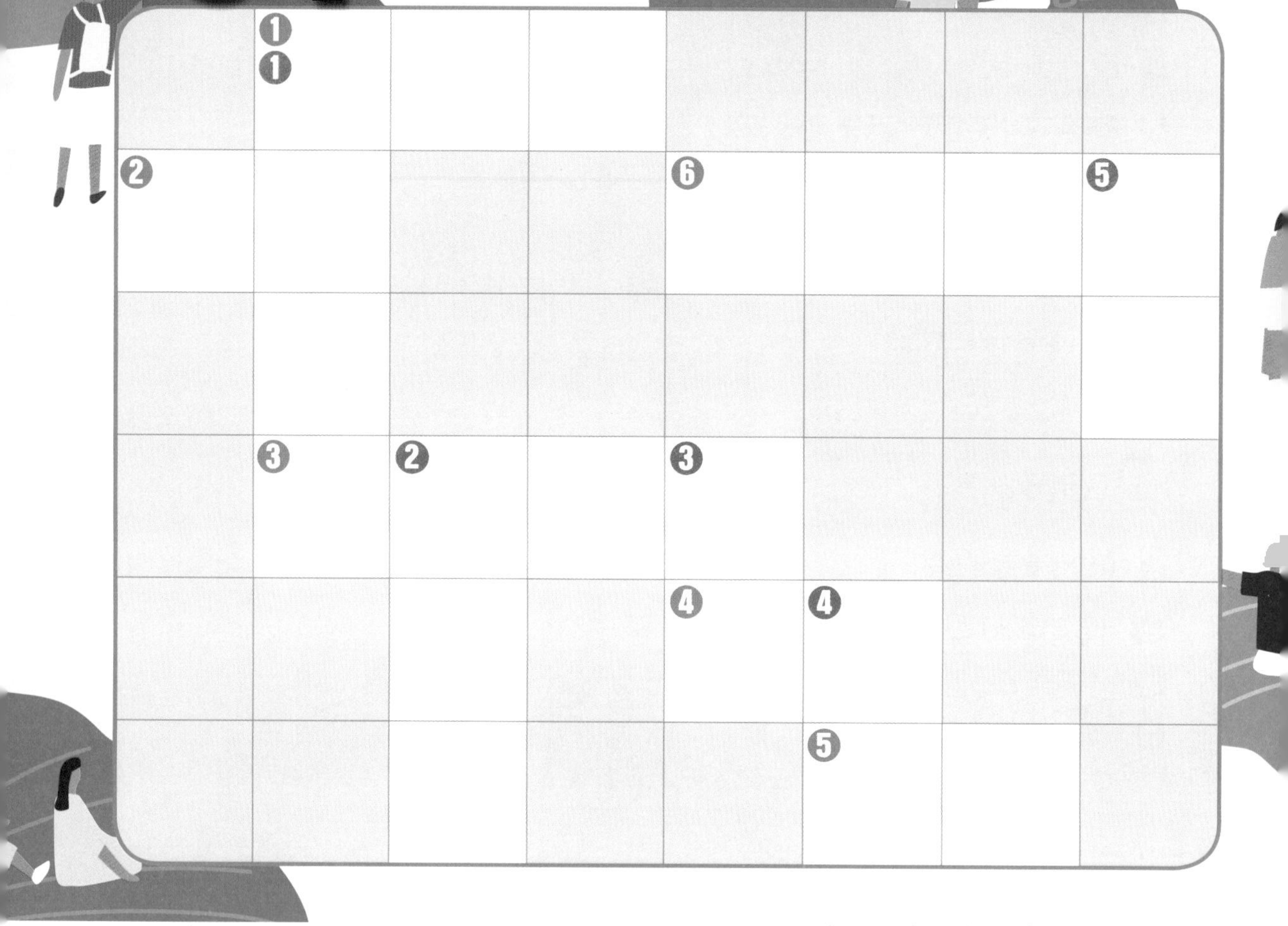

8급

- **九** 아홉 구 — 丿 九
- **國** 나라 국 — 丨 冂 冂 冂 冋 冋 囗 國 國 國 國
- **生** 날 생 — 丿 𠂉 ⺧ 牛 生
- **十** 열 십 — 一 十
- **一** 한 일 — 一
- **外** 바깥 외 — 丿 ク タ 夕 外
- **八** 여덟 팔 — 丿 八
- **中** 가운데 중 — 丨 口 口 中

7급

- **家** 집 가 — 丶 丷 宀 宀 宀 宇 家 家 家 家
- **語** 말씀 어 — 丶 亠 亠 言 言 言 言 訁 訂 訐 語 語 語 語
- **字** 글자 자 — 丶 丷 宀 宀 字 字
- **出** 날 출 — 丨 屮 屮 出 出
- **空** 빌 공 — 丶 丷 宀 宀 穴 空 空 空
- **天** 하늘 천 — 一 二 チ 天

6급

- **死** 죽을 사 — 一 厂 歹 歹 歹 死

정답은 118쪽에 있습니다.

 가로 열쇠

① 예전에, 서양에서 죄인을 못 박아 죽이던 십자형의 형틀. 기독교를 상징하는 '十'자 모양의 표.

② 하늘과 땅 사이의 빈 곳.

③ '아홉 번 죽을 뻔하다 한 번 살아난다'는 뜻으로, 죽을 고비를 여러 차례 넘기고 겨우 살아남을 이르는 말.

④ 가정을 버리고 나감.

⑤ 한 나라의 국민이 쓰는 말. ≒ 나라말

⑥ 착상이나 생각 따위가 쉽게 헤아릴 수 없을 정도로 기발하고 엉뚱함.

세로 열쇠

① 열에 여덟이나 아홉 정도로 거의 예외가 없음. ≒ 십상팔구(十常八九)

② 죽은 사람과 다친 사람.

③ 어떤 사람이 태어난 집.

④ 나라의 국경 밖으로 나감.

⑤ 다른 나라와 정치적, 경제적, 문화적 관계를 맺는 일. ≒ 외치(外治)

者 놈 자 　　　一 十
土 少 步 步 考 者 者 者

交 사귈 교
丶 一 广 六 亥 交

4급

傷 다칠 상 　 ノ イ 亻 佇 佇
佇 佇 傴 傴 傴 傷 傷 傷

奇 기이할 기
一 ナ 大 查 杳 查 杳 杳 奇

想 생각할 상 一 十 才 木 利
相 相 相 相 相 想 想 想

架 (3급) 시렁 가
フ カ か 加 加 加 架 架 架

보기

가출, 공중, 구사일생, 국어, 기상천외, 사상자, 생가, 십자가, 십중팔구, 외교, 출국

구사일생 : 아홉 번 죽을 뻔하다 한 번 살아난다는 뜻으로, 죽을 고비를 여러 차례 넘기고 겨우 살아남을 이르는 말.

기상천외 : 착상이나 생각 따위가 쉽게 헤아릴 수 없을 정도로 기발하고 엉뚱함.

십중팔구 : 열에 여덟이나 아홉 정도로 거의 예외가 없음.

공중 : 하늘과 땅 사이의 빈 곳.

05

8급	
門	문 문 `丨 冂 冂 冂 冃 門 門 門`
民	백성 민 `フ コ ァ ァ 戸 民`
日	날 일 `丨 冂 冂 日`

7급	
記	기록할 기 `丶 一 亍 亖 言 言 言 訂 記 記`

方	모 방 `丶 一 亍 方`
午	낮 오 `丿 仁 仁 午`
正	바를 정 `一 丁 下 正 正`
住	살 주 `丿 亻 亻 亻 住 住 住`
地	땅 지 `一 十 土 圵 地 地`

後	뒤 후 `丿 夕 彳 彳 祥 祥 袴 後 後`

6급	
今	이제 금 `丿 人 스 今`
放	놓을 방 `丶 一 方 方 方 放 放 放`
式	법 식 `一 二 干 王 式 式`

정답은 118쪽에 있습니다.

 가로 열쇠

1 일정한 지역에 살고 있는 사람.

2 처지를 바꾸어서 생각해 봄.

3 말하고 있는 시점보다 바로 조금 전.

4 날마다 그날그날 겪은 일이나 생각, 느낌 따위를 적는 개인의 기록.

5 하루에 하도록 정해진 학과를 끝냄. (예 나는 ○○ 후에 학원에 간다.)

6 낮 열두 시.

7 뒤나 옆으로 난 문. ≒ 뒷문

 세로 열쇠

1 사람이 사는 지역.

2 어떤 문제에 대하여 생각하고 궁리하는 방법이나 태도.

3 날마다 규칙적으로 하는 일정한 일.

4 건물의 정면에 있는 주가 되는 출입문.

5급

考 생각할 고
一 十 土 耂 老 考

課 매길 과, 공부할 과
` 宀 宀 亖 言 言 言 訂 訶 訶 訶 課 課 課

思 생각할 사 ` 冂
口 田 田 思 思 思

4급

居 살 거
フ コ 尸 尸 屄 居 居 居

易 바꿀 역, 쉬울 이
` 冂 日 日 무 무 易 易

之 (3급) 갈 지, 그것 지
丶 亠 ラ 之

 보기

방과, 방금, 사고방식, 역지사지, 일과, 일기, 정문, 정오, 주거지, 주민, 후문

사고방식 : 어떤 문제에 대하여 생각하고 궁리하는 방법이나 태도.

역지사지 : 처지를 바꾸어서 생각하여 봄.

06

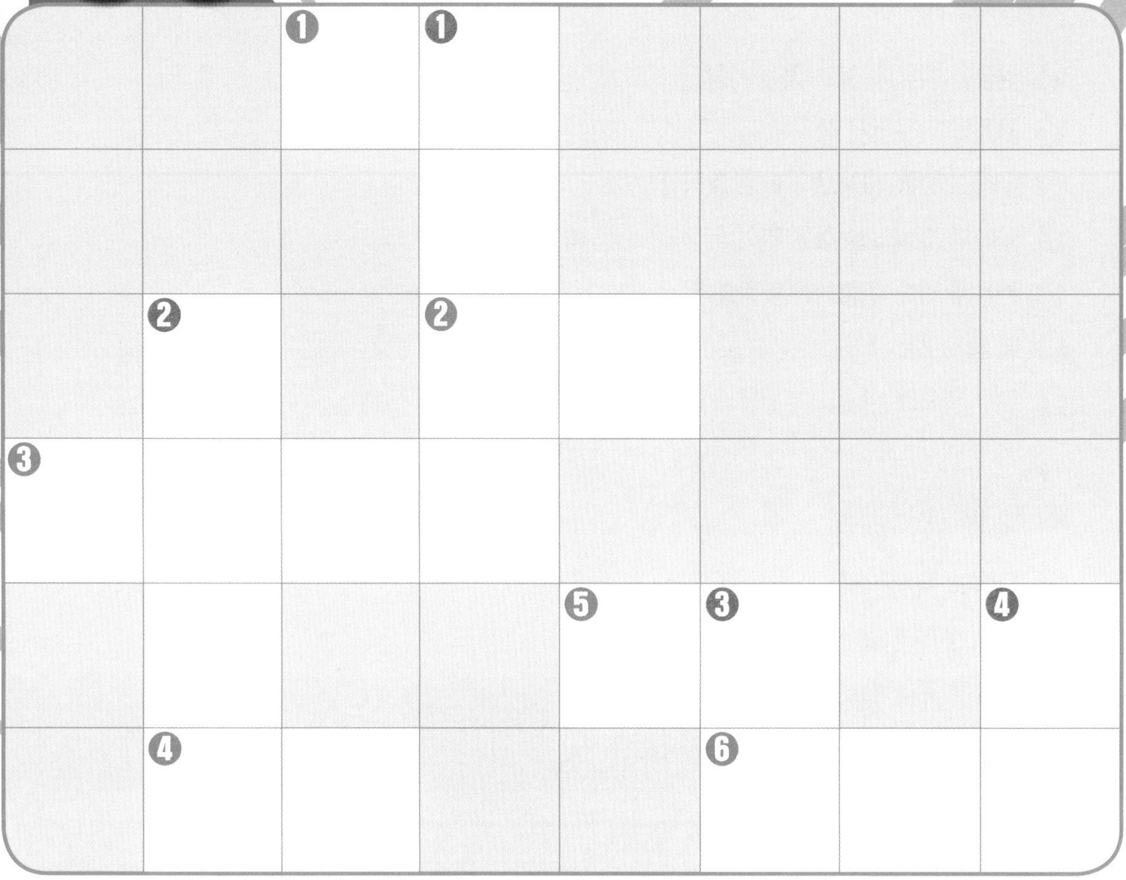

8급

軍 군사 군
丶 冖 冖 冖 冃 冃 冒 冒 宣 軍

大 클 대, 큰 대
一 ナ 大

長 길 장, 어른 장
丨 ㄏ ⺊ 彡 镸 镸 長 長

一 한 일
一

7급

夫 지아비 부
一 二 夫 夫

不 아닐 불(부)
一 ア 不 不

語 말씀 어
丶 亠 ⼆ 亖 言 言 言 訂 訂
語 語 語 語 語

下 아래 하
一 丅 下

海 바다 해
丶 丶 氵 氵 氵 汇 海 海 海 海

6급

利 이로울 리(이)
丿 二 千 禾 禾 利 利

成 이룰 성
丿 厂 厂 万 成 成 成

言 말씀 언
丶 亠 亠 言 言 言 言

정답은 118쪽에 있습니다.

 가로 열쇠

❶ 생각, 느낌 따위를 나타내거나 전하는 데 쓰는 말소리, 문자 따위의 수단.

❷ 사람이나 동식물 따위가 자라서 점점 커짐.

❸ 귀가 솔깃하도록 남의 비위를 맞추거나 이로운 조건을 내세워 꾀는 말.

❹ 강이나 내의 아래쪽 부분.

❺ 바다에서 공격과 방어의 임무를 수행하는 군대.

❻ 조선시대 문무 양반을 일반 평민층에 상대하여 이르는 말이다.

 세로 열쇠

❶ 말이 조금도 사리에 맞지 않음.

❷ 한 마디로 잘라 말함. 또는 두말할 나위 없음.

❸ 계급이 낮은 군인. ≒ 병사(兵士)

❹ 물고기 잡는 일이 직업인 사람.

5급		
流	흐를 류(유)	丶丶氵氵氵浐浐浐浐流流
士	선비 사	一十士

 말씀 설, 달랠 세
丶丶亠亍言言言言訡
訡訡訡訡說

 고기 잡을 어
丶丶氵氵氵氵浐浐渔
渔渔渔渔渔渔

4급		
甘	달 감	一十廿廿甘
之	(3급) 갈 지, ~의 지	丶亠ラ之

보기

감언이설, 군사, 사대부, 성장, 어부, 어불성설, 언어, 일언지하, 하류, 해군

감언이설 : 귀가 솔깃하도록 남의 비위를 맞추거나 이로운 조건을 내세워 꾀는 말.

일언지하 : 한 마디로 잘라 말함. 또는 두말할 나위 없음.

어불성설 : 말이 조금도 사리에 맞지 않음.

07

8급

校 학교 교 ー 十 オ
木 朽 朽 朽 朽 校

國 나라 국 ｜ 冂 冂 冂
冋 国 圄 國 國 國 國

年 해 년(연) � 广 乍 乍 左 年

生 날 생 � 广 生 牛 生

日 날 일 ｜ 冂 日 日

學 배울 학 ｀ ｀ ｀ ｀ ｀ ｀
臼 臼 臼 闷 闷 闷 闷 學 學 學

7급

家 집 가 ｀ ｀
宀 宀 宀 宁 宇 宇 家 家 家

老 늙을 로(노) ー 十 土 耂 耂 老

不 아닐 불(부) ー ァ オ 不

少 적을 소, 젊을 소 ｜ 丿 小 少

6급

消 사라질 소 ｀ ｀ ｀ ｀ 氵
氵 氵 氵 洨 消 消 消

失 잃을 실 ｜ 广 二 失 失

5급

良 어질 량(양) ｀ ｀ ｀ ヨ 戸 戸 良 良

可 옳을 가 ー ｢ ｢ 可 可 可

정답은 118쪽에 있습니다.

 가로 열쇠

❶ 침범하여서는 안 됨.

❷ 먹은 음식을 위나 창자에서 잘 받아들이지 못하여 영양분을 흡수하지 못하는 증세.

❸ 일정한 영토와 거기에 사는 사람들로 구성되고, 주권에 의한 하나의 통치 조직을 가지고 있는 사회 집단.

❹ 신문 따위를 날마다 펴냄, 또는 그 발행물.

❺ 아직 완전히 성숙하지 아니한 어린 사내아이.

❻ 학생에게 교육을 실시하는 기관.

세로 열쇠

❶ 질병이나 사고에 의한 것이 아니라 시간이 흐름에 따라 생체 구조와 기능이 쇠퇴하는 현상.

❷ 행실이나 성품이 나쁨. 또는 물건 따위의 품질이나 상태가 나쁨.

❸ 사라져 없어짐. 또는 그렇게 잃어버림.(예 전쟁으로 많은 문화재가 ○○되었다.)

❹ 나라의 경사를 기념하기 위하여, 국가에서 법률로 정한 날.

❺ 곡식이 잘 자라고 잘 여물어 평년보다 수확이 많은 해.

❻ 학교에 다니면서 배우는 사람.

化 될 화　ノ亻亻化

4급

侵 침노할 침　ノ亻亻亻亻亻亻侵侵侵

慶 경사 경　广广广广广庐庐庐庐庐庆庆慶

豊 풍년 풍　丨口曰由由曲曲曲豐豐豐豐豐豐

刊 (3급) 새길 간, 책 펴낼 간　一二千刊刊

 보기

국가, 국경일, 노화, 불가침, 소년, 소실, 소화불량, 일간, 풍년, 학교, 학생

불가침 : 침범하여서는 안 됨.

불량 : 행실이나 성품이 나쁨. 또는 물건 따위의 품질이나 상태가 나쁨.

소화불량 : 먹은 음식을 위나 창자에서 잘 받아들이지 못하여 영양분을 흡수하지 못하는 증상.

08

가로 열쇠

① 사람이 마실 수 있도록 만든 액체를 통틀어 이르는 말.

② 하는 일 없이 놀고먹음.

③ 모든 걱정을 떨쳐 버리고 마음을 편히 가짐.

④ 품질이나 상태가 제일감.

⑤ 재물이 많아 살림이 넉넉한 사람.

⑥ 가난함과 부유함을 아울러 이르는 말.

⑦ 주민의 대부분이 농업에 종사하는 마을이나 지역.

 세로 열쇠

① 사람이 먹고 마실 수 있도록 만든 것.

② 관심이나 흥미가 없음.

③ 탈것을 타지 않고 걸어감.

④ 위험이 생기거나 사고가 날 염려가 없음, 또는 그런 상태.

⑤ 특정 방면에서 뛰어나 첫째로 치는 사람.

⑥ 부자일수록 더욱 부자가 됨.

⑦ 부자가 많이 사는 마을.

4급

 무리 도, 걸을 도 `ノ ㇏ 彳`
`彳 仆 件 件 徍 徒`

 부유할 부 `丶 丷 宀 宀 宀 宜`
`宜 富 富 富 富`

 할 위 `ノ ﾉ ﾉ ﾉ ﾉ`
`爫 爫 為 爲 爲 爲 爲`

 더할 익 `ノ 八 公`
`公 公 谷 谷 谷 益 益`

 가난할 빈 `ノ 八 公`
`公 公 谷 谷 貧 貧 貧 貧`

 걸음 보
`丨 ㇑ ㇡ 止 步 步 步`

보기 농촌, 도보, 무관심, 무위도식, 부익부, 부자, 부촌, 빈부, 안심, 안전, 음료, 음식, 일인자, 일품

무위도식 : 하는 일 없이 놀고먹음.

부익부 : 부자일수록 더욱 부자가 됨.

빈부 : 가난함과 부유함을 아울러 이르는 말.

부촌 : 부자가 많이 사는 마을.

09

8급

金 쇠 금, 성씨 김
ﾉ 人 ﾑ 亼 亽 全 全 金 金

白 흰 백
ﾉ 亻 白 白 白

生 날 생
ﾉ 亇 仁 牛 生

水 물 수
」 가 水 水

7급

力 힘 력(역)
フ 力

電 번개 전
一 ㇒ 厂 雨 雨
雨 雨 雨 雨 雨 雷 雷 電

活 살 활
、 丶 氵 氵 汗 泮 活 活 活

6급

對 대할 대
、 丶 ﾍ ﾍ 业 业 业 业
丵 丵 丵 對 對

明 밝을 명
ﾉ 刀 冂 日 明 明 明 明

死 죽을 사
一 厂 歹 歹 死 死

發 필 발
フ ㇈ ﾌﾞ ﾌﾞ ﾌﾞ
癶 癶 癶 發 發 發 發 發

雪 눈 설
一 ㇒ 厂 雨
雨 雨 雨 雨 雪 雪 雪

가로 열쇠

❶ 죽고 사는 것을 돌보지 않고 끝장을 내려고 함.

❷ 물의 힘을 이용하여 발전기를 돌려서 전기를 일으키는 방식.

❸ 화재나 도난을 막기 위하여 돈, 귀중한 서류, 귀중품 따위를 간수하여 보관하는 데 쓰는 궤.

❹ 털빛이 흰 말.

세로 열쇠

❶ 양자가 맞서서 우열이나 승패를 가림.

❷ 사람이나 동물이 일정한 환경에서 활동하며 살아감.

❸ 수도의 급수가 끊어지거나 급수를 끊음.

❹ '무선 전신'을 줄여 이르는 말.

❺ 아직까지 없던 기술이나 물건을 새로 생각하여 만들어 냄.

❻ 돈과 물품을 아울러 이르는 말.

❼ 하얀 눈.

5급	
決	결단할 결 丶丶氵沪沪決決
無	없을 무 ノ 厂 乍 午 缶 缶 缶 無 無 無 無 無
品	물건 품 丨 口 ロ 口 吊 品 品 品 品
馬	말 마 丨 厂 厂 厍 丐 馬 馬 馬 馬

4급	
庫	곳집 고 丶一广广庐庐庐庐庐庫

斷 끊을 단
丶丷丷纟纟斷斷斷斷
斷斷斷斷斷斷斷

보기

금고, 금품, 단수, 대결, 무전, 발명, 백마, 백설,
사생결단, 생활, 수력발전

사생결단 : 죽고 사는 것을 돌보지 않고 끝장을 내려고 함.

수력발전 : 물의 힘을 이용하여 발전기를 돌려서 전기를
일으키는 방식.

무전 : '무선 전신'을 줄여 이르는 말.

10

8급		
人	사람 인	ノ 人
門	문 문	l l l l l l l l l 門 門 門
水	물 수	l l l l 水 水
弟	아우 제	l l l l l 弟 弟
兄	형 형	l l l l 兄

7급		
家	집 가	l l l l l l l l 家 家 家
間	사이 간	l l l l l l l l 門 門 門 間 間 間
口	입 구	l l l
食	밥 식, 먹을 식	ノ 人 l 今 今 今 食 食 食
子	아들 자	l l 子

下	아래 하	一 丁 下

6급		
科	과목 과	l l l l l l l l 科 科

5급		
無	없을 무	l l l l l 無 無 無 無 無 無 無
實	열매 실	l l l l l l l l l 實 實 實 實 實 實

정답은 119쪽에 있습니다.

 가로 열쇠

❶ '눈 아래에 사람이 없다'는 뜻으로, 방자하고 교만하여 다른 사람을 업신여김을 이르는 말. ≒안중무인(眼中無人)

❷ 끼니와 끼니 사이에 먹는 음식.

❸ 핑계를 삼을 만한 재료.(예 ○○을 내세우다. / ○○을 만들다.)

❹ 형과 아우를 함께 이르는 말.

❺ 스승으로부터 가르침을 받거나 받은 사람.

❻ 어떤 분야를 연구하거나 그 일을 해 상당한 지식과 경험을 가진 사람.

 세로 열쇠

❶ 널리 인간을 이롭게 함. 단군의 건국 이념으로서 우리나라 정치, 교육, 문화의 최고 이념이다. 《삼국유사》 고조선 건국 신화에 나온다.

❷ 눈병을 치료하거나 연구하는 의학.

❸ 한 집에서 함께 살면서 끼니를 같이하는 사람.

❹ 서로 형이니 아우니 하고 부른다는 뜻으로, 매우 가까운 친구로 지냄을 이르는 말. ≒왈형왈제(曰兄曰弟)

❺ 물의 흐름을 막거나 유량을 조절하기 위하여 설치한 문.

4급	
專	오로지 전 `ー ニ �戸 回` `回 申 甫 叀 叀 專 專`
益	더할 익 `ノ 八` `ハ 父 쏘 笳 谷 益 益`
眼	눈 안 `l 冂 冃 月` `目 目丁 目コ 目ㄹ 眼 眼 眼`
呼	부를 호 `l 冂 口 口′ 吖 呮 吁 呼`
弘	(3급) 넓을 홍, 클 홍 `フ ㄱ 弓 弘 弘`

 보기

간식, 구실, 수문, 식구, 안과, 안하무인, 전문가, 제자, 형제, 호형호제, 홍익인간

안하무인 : 눈 아래에 사람이 없다는 뜻으로, 방자하고 교만하여 다른 사람을 업신여김을 이르는 말. ≒안중무인(眼中無人)

호형호제 : 서로 형이니 아우니 하고 부른다는 뜻으로, 매우 가까운 친구로 지냄을 이르는 말. ≒왈형왈제(曰兄曰弟)

홍익인간 : 널리 인간을 이롭게 함. 단군의 건국 이념으로서 우리나라 정치, 교육, 문화의 최고 이념이다. 《삼국유사》 고조선 건국 신화에 나온다.

11

8급		
白 흰 백 ´ ´ 白 白 白	自 스스로 자 ´ ´ 自 自 自 自	言 말씀 언 ` ㅗ 금 금 言 言 言
一 한 일 一	**6급**	**5급**
7급	明 밝을 명 丨 刀 日 日 日 明 明 明	說 말씀 설, 달랠 세 ` ㅗ ㅗ 言 言 言 言 許 許 許 許 說 說
色 빛 색 ´ ク 夕 夕 多 色	番 차례 번 ´ ク 二 平 平 釆 釆 番 番 番 番	傳 전할 전 ´ ´ 亻 亻 俨 俨 俥 俥 俥 俥 傳 傳 傳
心 마음 심 ` 心 心 心	運 옮길 운 ` ㅜ ㅜ ㅌ 官 官 官 宣 軍 渾 渾 運	必 반드시 필 ` ク 义 必 必
	行 다닐 행 ´ ク 彳 彳 行 行	

정답은 119쪽에 있습니다.

 가로 열쇠

❶ 작자 자신의 일생을 소재로 스스로 짓거나, 남에게 구술하여 쓰게 한 전기.

❷ 어떤 일이나 대상의 내용을 상대편이 잘 알 수 있도록 밝혀 말함.

❸ 눈이나 우유의 빛깔과 같이 밝고 선명한 색. ≒ 흰색

❹ 옳고 그름을 가릴 줄 아는 마음. 인의예지(仁義禮智) 가운데 지에서 우러나온다.

❺ 말과 행동이 하나로 들어맞음. 또는 말한 대로 실행함. ≒ 말짓일치

 세로 열쇠

❶ 자기가 한 일에 대하여 스스로 미흡하게 여기는 마음.

❷ 옛날부터 민간에서 전하여 내려오는 이야기.

❸ 의심할 바 없이 아주 뚜렷함.(예 ○○한 사실.)

❹ 아마도 틀림없이.

❺ 당번을 설 차례가 아님.

❻ 정해진 길을 따라 차량 등을 운전하여 다님.

❼ 매체를 통해 어떤 사실을 밝혀 알리거나 어떤 문제에 대해 여론을 이루는 일.

致 이를 치 　一 厂 エ　 至 幸 至 到 致 致 致
4급
激 격할 격 　丶 丶 氵 氵 泸 泸　 泸 泸 泸 滂 滂 滂 澂 激 激

是 옳을 시, 이 시 　丨 口 日 旦 早 昊 묜 是
非 아닐 비 　丿 丬 丬 非 非 非 非
論 논할 론(논) 　丶 二 言 言 言　 言 言 診 診 論 論 論 論 論

之 (3급) 갈 지, ~의 지 　丶 一 亠 之
敍 (3급) 펼 서, 차례 서 　丿 八 ㅅ 스 슛 余 余 余　 敍 敍 敍

 보기

명백, 백색, 비번, 설명, 시비지심, 언론, 언행일치, 운행, 자격지심, 자서전, 전설, 필시

시비지심 : 옳고 그름을 가릴 줄 아는 마음. 인의예지(仁義禮智) 가운데 지에서 우러나온다.

언행일치 : 말과 행동이 하나로 들어맞음. 또는 말한 대로 실행함.

자격지심 : 자기가 한 일에 대하여 스스로 미흡하게 여기는 마음.

12

8급		
大	클 대, 큰 대	一ナ大
室	집 실	丶丶宀宀宕宕宕室室
外	바깥 외	ノクタ外外
人	사람 인	ノ人
三	석 삼	一二三

日	날 일	丨冂日日

7급		
心	마음 심	丶心心心
右	오른쪽 우	一ナ才右右

6급		
交	사귈 교	丶一テ六交交
使	하여금 사	ノイイ仁仁仁使使

用	쓸 용	ノ刀月月用
在	있을 재	一ナ才右存在
作	지을 작	ノイイ仁竹作作
光	빛 광	丨丨丷业光光

5급		
件	물건 건	ノイイ仁仁件

정답은 119쪽에 있습니다.

 가로 열쇠

❶ 단단히 먹은 마음이 사흘을 가지 못한다는 뜻으로, 결심이 굳지 못함을 이른 말.

❷ 외국에 있음.(예 ○○동포)

❸ 벗을 사귐.(예 ○○관계가 좋다.)

❹ 나라를 대표하여 다른 나라에 파견되어 외교를 맡아보는 최고 직급.

❺ 함부로 쓰지 않고 꼭 필요한 곳에만 써서 아낌.(예 ○○ 정신이 투철하다.)

❻ 토의하거나 조사해야 할 사실.(예 ○○을 처리하다. / ○○ 채택)

❼ 어떤 일을 하는 데 드는 돈. ≒비발

 세로 열쇠

❶ 심장의 오른쪽 아래에 있는 방. (반대말 심장의 왼쪽 아래에 있는 방은 '좌심실'이라고 한다.)

❷ 해의 빛. ≒햇빛(예 온몸을 드러내고 햇빛을 쬐는 일을 '○○욕'이라고 한다.)

❸ 국가 간의 외교 교섭을 위하여 외국에 파견되는 국가의 대표자 또는 대표 기관. 대사(大使), 공사(公使) 등의 상주(常駐) ○○ ○○과 국제회의 따위에 참가하기 위한 임시 ○○ ○○이 있다.

❹ 사람을 부리는 데에 드는 비용.

費 쓸 비	弗弗弗弗弗弗弗費費
案 책상 안	宀安安安安案案案
節 마디 절	竹竹竹竹竹竹 節節節節節節
約 맺을 약	幺幺糸糸糸約約
友 벗 우	一ナ方友

 보기

교우, 대사, 비용, 안건, 외교사절, 우심실, 인건비, 일광, 작심삼일, 재외, 절약

작심삼일 : 단단히 먹은 마음이 사흘을 가지 못한다는 뜻으로, 결심이 굳지 못함을 이르는 말.

외교사절 : 국가 간의 외교 교섭을 위하여 외국에 파견되는 국가의 대표자 또는 대표 기관. 대사(大使), 공사(公使), 대리 공사 등의 상주(常駐) 외교 사절과 국제회의 따위에 참가하기 위하여 일시적으로 외국에 주재하는 사절이나 특파 전권 대사와 같은 임시 외교 사절이 있다.

일광 : 해의 빛. ≒햇빛

8급

東 동녘 동
一 丆 丙 丙 百 申 東 東

白 흰 백
′ 亻 白 白 白

7급

口 입 구
丨 ㄇ 口

道 길 도, 도리 도
丶 丷 丷 䒑 首 首 首 首 首
首 道 道 道

文 글월 문
丶 亠 ナ 文

字 글자 자
丶 丷 宀 宁 字 字

車 수레 차(거)
一 丆 丙 丙 百 亘 車

事 일 사
一 ㄱ 丆 亏 亘 亘 事 事

出 날 출
丨 ㄩ 屮 出 出

6급

目 눈 목
丨 ㄇ 月 月 目

風 바람 풍
丿 几 凡 凡 凤 凨 風 風 風

洋 큰 바다 양
丶 氵 氵 氵 氵 氵 洋 洋

5급

馬 말 마
丨 𠂆 F F 厓 馬 馬 馬 馬 馬

정답은 119쪽에 있습니다.

 가로 열쇠

❶ '죽어서 백골이 되어도 잊을 수 없다'는 뜻으로, 남에게 큰 은덕을 입었을 때 고마움의 뜻을 이르는 말.

❷ 말이 끄는 수레.

❸ 유라시아 대륙의 동부 지역. 아시아의 동부와 남부를 이름.

❹ 귀·눈·입·코를 아울러 이르는 말. 또는 귀·눈·입·코를 중심으로 한 얼굴의 생김새.

❺ 한 도(道)의 행정 사무를 총괄하는 광역 자치 단체장.

 세로 열쇠

❶ 고대 중국에서, 거북의 등딱지나 짐승의 뼈에 새긴 상형 문자.

❷ 어떤 사실을 잊어버림.

❸ 동풍이 말의 귀를 스쳐 간다는 뜻으로, 남의 말을 귀담아듣지 아니하고 지나쳐 흘려버림을 이르는 말.

❹ 밖으로 나갈 수 있는 통로.

❺ 차들만 다니게 한 길. ≒찻길, 차로(車路)

코 비 ´⺆⺆⺆自自自鳥鳥 鳥畠畠鼻鼻	**4급**
	갑옷 갑, 껍질 갑 丨冂冂日甲
귀 이 一ㄒㄦㅌ耳耳	骨 뼈 골 丨冂冂叩叩骨骨骨骨
알 지 丿⺅⺅矢矢知知知	

難 어려울 난
一十廿廿莊莊莘莘莫莫
莫莫莫莫莫難難難

 忘 (3급) 잊을 망
丶亠亡亡忘忘忘

 却 (3급) 물리칠 각
一十土去去去却却

보기 갑골문자, 도지사, 동양, 마이동풍, 마차, 망각, 백골난망, 이목구비, 차도, 출구

갑골문자 : 고대 중국에서, 거북의 등딱지나 짐승의 뼈에 새긴 상형 문자.

마이동풍 : 동풍이 말의 귀를 스쳐 간다는 뜻으로, 남의 말을 귀담아듣지 않고 지나쳐 흘려버림.

백골난망 : 죽어서 백골이 되어도 잊을 수 없다는 뜻으로, 남에게 큰 은덕을 입었을 때 고마움의 뜻으로 이르는 말.

14

정답은 119쪽에 있습니다.

 가로 열쇠

❶ 같은 이름을 가진 서로 다른 사람.

❷ 두드려서 소리를 내는 악기를 통틀어 이르는 말. 가장 오래된 악기 형태로 나무 · 가죽 · 금속 따위로 만들며, 주로 리듬을 맞추기 위하여 사용한다.

❸ 완전히 잠이 들지도 잠에서 깨어나지도 않은 어렴풋한 상태.

❹ 사람이 어떤 입장에서 마땅히 행하여야 할 바른길.

❺ 집안 살림에 쓰는 기구. 주로 장롱 · 책장 · 탁자 따위와 같이 비교적 큰 제품을 이른다.

 세로 열쇠

❶ 괴로움도 즐거움도 함께함.

❷ 인간으로서 당연히 가지는 기본적인 권리.

❸ 부정적인 규정, 관습, 제도 따위를 깨뜨려 버림.

❹ 같은 자리에 자면서 다른 꿈을 꾼다는 뜻으로, 겉으로는 같이 행동하면서도 속으로는 각각 딴생각을 하고 있음을 이르는 말.

❺ 올바른 이치나 도리에서 어그러짐.

❻ 일을 할 때 쓰는 연장을 통틀어 이르는 말.

異 다를 이　丶 冂 日 田
田 严 里 몼 몼 異 異

非 아닐 비　丿 丿 丬 丬 丬 非 非 非

床 상 상　丶 一 广 广 庄 床 床

破 깨뜨릴 파　一 丁
丆 丆 石 矿 矿 破 破

似 (3급) 닮을 사　丿 亻 亻 亻 似 似 似

夢 (3급) 꿈 몽
艹 芒 芒 苗 苗 莳 夢 夢 夢

 보기

가구, 도구, 도리, 동고동락, 동명이인, 동상이몽, 비리, 비몽사몽, 인권, 타악기, 타파

동고동락 : 괴로움도 즐거움도 함께함.

동명이인 : 같은 이름을 가진 서로 다른 사람.

동상이몽 : 같은 자리에 자면서 다른 꿈을 꾼다는 뜻으로, 겉으로는 같이 행동하면서도 속으로는 각각 딴생각을 하고 있음을 이르는 말.

비몽사몽 : 완전히 잠이 들지도 잠에서 깨어나지도 않은 어렴풋한 상태.

인권 : 인간으로서 당연히 가지는 기본적인 권리.

타파 : 부정적인 규정, 관습, 제도 따위를 깨뜨려 버림.

한자퍼즐　**33**

15

			❶				❷	
❶								
							❸	
❹			❷			❹❸		
❼					❺			
						❻		

정답은 119쪽에 있습니다.

 가로 열쇠

❶ 대말을 타고 놀던 벗이라는 뜻으로, 어릴 때부터 같이 놀며 자란 친구.

❷ 새로운 소식이나 견문.(에 일간○○)

❸ 늘 하는 버릇.(에 어떤 범죄를 ○○적으로 저지르는 사람을 '○○범'이라고 한다.)

❹ 자식에 대한 어머니의 정.

❺ 어떤 일에 알맞은 성질이나 적응 능력, 또는 그와 같은 소질이나 성격.(에 ○○을 고려해 진로를 선택한다.)

❻ 서로 애정을 나누며 마음속 깊이 사랑하는 사람.

❼ 크고 넓은 길. ≒큰길

 세로 열쇠

❶ 옛것을 익히고 그것을 미루어서 새것을 앎.

❷ 사람이면 누구나 가지는 보통의 마음.(에 불쌍한 사람에게 도움을 베푸는 것이 ○○○○이다.)

❸ 자식에 대한 어머니의 본능적인 사랑.

❹ 지구를 둘러싸고 있는 다섯 대양. 태평양, 대서양, 인도양, 남극해, 북극해를 이른다.

情	뜻 정 ⎧ ` ` ⼅ ⼀ ⼅ ⼅ ⼅ 情 情 情 情

4급

常	항상 상 ⎧ ⼅ ⼅ ⼅ 常 常 常 常 常 常
故	옛 고 ⎧ ⼀ ⼗ ⼟ ⼟ ⼟ 古 ⼟ ⼟ 故 故
適	맞을 적 ⎧ ` ` ⼀ ⼀ ⼗ ⼀ 商 商 商 商 商 商 適 適 適 適
竹	대 죽 ⎧ ⼃ ⼃ ⼃ ⼃ ⼃ ⼃ ⼃ 竹
之	(3급) 갈 지, ~의 지 ⎧ ` ⼀ ⼀ 之

보기

대로, 모성애, 모정, 상습, 신문, 애인, 오대양, 온고지신, 인지상정, 적성, 죽마고우

오대양 : 지구를 둘러싸고 있는 다섯 대양. 태평양, 대서양, 인도양, 남빙양, 북빙양을 이른다.

온고지신 : 옛것을 익히고 그것을 미루어서 새것을 앎.

인지상정 : 사람이면 누구나 가지는 보통의 마음.

죽마고우 : 대말을 타고 놀던 벗이라는 뜻으로, 어릴 때부터 같이 놀며 자란 벗.

적성 : 어떤 일에 알맞은 성질이나 적응 능력. 또는 그와 같은 소질이나 성격.

16

정답은 119쪽에 있습니다.

 가로 열쇠

❶ 복이 많음.

❷ 가난할수록 더욱 가난해짐.

❸ 철을 주재료로 하여 놓은 다리.

❹ 여러 방면. ≒ 다면(多面)

❺ 의로 맺은 형제.

❻ 일부러 불을 지름.(예 고의로 불을 놓아 건물 따위를 태워 위험을 일으킨 사람을 '○○범'이라고 한다.)

 세로 열쇠

❶ 많으면 많을수록 더욱 좋음.

❷ 쇠로 만든 낯가죽이라는 뜻으로, 염치가 없고 뻔뻔스러운 사람을 낮잡아 이르는 말.

❸ 수효가 많음.(예 ○○ 의견)

❹ 같은 부모에게서 난 형제.

❺ 불이 일어나거나 타기 시작함.(예 처음 화재가 시작된 자리를 '○○점'이라고 한다.)

4급

 옳을 의 　`丶 ` ` `丷 ` `꽄 ` `꽄`
`꽄 ` `꽄 ` `꽄 ` `羊 ` `義 ` `義 ` `義`

 가난할 빈　`丿 ` `八 ` `分`
`分 ` `分 ` `谷 ` `沓 ` `沓 ` `貧 ` `貧`

 더할 익 　`丿 ` `八`
`丷 ` `丷 ` `灷 ` `灷 ` `谷 ` `谷 ` `益 ` `益`

(3급) 가죽 피
`丿 ` `丆 ` `广 ` `皮 ` `皮 ` `皮`

 보기

다다익선, 다방면, 다복, 다수, 발화, 방화, 빈익빈, 의형제, 철교, 철면피, 친형제

다다익선 : 많으면 많을수록 더욱 좋음.

빈익빈 : 가난할수록 더욱 가난해짐.

발화 : 불이 일어나거나 타기 시작함.

방화 : 일부러 불을 지름.

철교 : 철을 주재료로 하여 놓은 다리. ≒쇠다리

철면피 : 쇠로 만든 낯가죽이라는 뜻으로, 염치가 없고 뻔뻔스러운 사람을 낮잡아 이르는 말.

| | | | ❶❶ | | | | ❺❸ | |

8급

金 쇠 금, 성씨 김
丿 人 스 수 수 수 余 余 金

生 날 생
丿 ㅗ ㅗ 牛 生

先 먼저 선
丿 ㅗ ㅗ 牛 生 先

長 길 장, 어른 장
丨 ㄏ ㅏ ㅑ ㅌ 토 토 長 長

學 배울 학 丶 ᳵ ᳵ ᳷ ᳷ ᳷ ᳷ ᳷
ᳶ ᳶ ᳷ ᳷ ᳷ ᳷ ᳷ 學 學 學

7급

命 목숨 명
丿 人 스 수 수 命 命 命 命

物 물건 물
丿 ㅗ ㅓ 才 牛 物 物 物

時 때 시   ㅣ 冂
丬 日 日 旷 旷 旷 時 時

心 마음 심
丶 心 心 心

6급

計 셀 계   丶 ㅡ
二 二 言 言 言 言 計

古 옛 고
一 十 古 古 古

短 짧을 단   丿 丿 ㅗ 午 矢
矢 矢 知 知 知 短 短 短

代 대신할 대
丿 亻 亻 代 代

病 병 병   丶 一 广
广 广 疒 疒 病 病 病

用 쓸 용
丿 刀 月 月 用

정답은 120쪽에 있습니다.

 가로 열쇠

❶ 실제로 보고 그 일에 관한 구체적인 지식을 넓힘.(**예** 방송국에 ○○을 가다.)

❷ 쓸모없는 물건이나 사람. ≒부췌(附贅)

❸ 사람이 살아서 숨 쉬고 활동할 수 있게 하는 힘. 또는 동물과 식물의, 생물로서 살아 있게 하는 힘.

❹ 길고 짧음. ≒단장(短長)

❺ 무엇을 사거나 세낼 때에 먼저 치르는 돈. ≒전금(前金)

❻ 인류 사회의 변천과 흥망의 과정.

❼ 시간을 재거나 시각을 나타내는 기계나 장치를 통틀어 이르는 말.

❽ 옛 시대. ≒고세(古世)

 세로 열쇠

❶ 어떠한 실물을 보면 그것을 가지고 싶은 욕심이 생김.

❷ 병 없이 건강하게 오래 삶. ≒무병장생(無病長生)

❸ 문헌 사료가 전혀 존재하지 않는 시대. 석기 시대와 청동기 시대를 이른다.

5급		
歷	지날 **력**(역), 책력 **력**(역) 一 厂 厂 FF FF FF FF FF 厤 厤 厤 厤 歷 歷 歷	
見	볼 **견** l 冂 冂 目 目 見 見	

 無 없을 **무** ノ ᅩ ᅩ ᅩ 午 無 無 無 無 無 無 無

 史 역사 **사** ノ 冂 口 史 史

 壽 (3급) 목숨 **수** 一 十 圭 圭 圭 圭 声 壽 壽 壽 壽 壽 壽 壽

 之 (3급) 갈 **지**, ~의 **지** 丶 ᅳ 之 之

보기

견물생심, 견학, 고대, 무병장수, 무용지물, 생명, 선금, 선사시대, 시계, 역사, 장단

견물생심 : 어떠한 실물을 보게 되면 그것을 가지고 싶은 욕심이 생김.

무병장수 : 병 없이 건강하게 오래 삶.

무용지물 : 쓸모없는 물건이나 사람.

선사시대 : 문헌 사료가 전혀 존재하지 않는 시대. 석기 시대와 청동기 시대를 이른다.

18

정답은 120쪽에 있습니다.

 가로 열쇠

① 맑은 바람과 밝은 달. ≒풍월(風月)

② 어떤 일이 일어나기 전에 미리 앞을 내다보고 아는 지혜.

③ 지표를 구성하는 암석이 햇빛, 공기, 물, 생물 따위의 작용으로 점차로 파괴되거나 분해되는 일.

④ 거리의 조명이나 교통의 안전, 또는 미관(美觀) 따위를 위하여 길가를 따라 설치해 놓은 등.

⑤ 사물의 한가운데.

 세로 열쇠

① 날씨가 맑고 밝음.

② 먼저 약속함. 또는 그런 약속. ≒전약(前約)

③ 약을 먹음.(예 감기약을 ○○하다.)

④ 바람 앞의 등불이라는 뜻으로, 사물이 매우 위태로운 처지에 놓여 있음을 비유적으로 이르는 말.

⑤ 만든 물품.

⑥ 상점들이 죽 늘어서 있는 거리.

⑦ 물의 가운데. ≒물속

5급

見 볼 견
丨 冂 冂 冃 目 目 見

商 장사 상
亠 产 产 产 商 商 商 商

品 물건 품
丨 口 口 口 品 品 品

約 맺을 약
乡 幺 幺 幺 糸 糸 約 約 約

化 될 화
丿 亻 仁 化

4급

街 거리 가
丿 彳 彳 彳 往 往 往 往 往 街 街

燈 등 등
丷 火 火 炒 炒 炒 燈 燈 燈 燈 燈

之 (3급) 갈 지, ~의 지
丶 一 ニ 之

 보기

가로등, 복용, 상가, 선견지명, 선약, 수중, 작품, 중심, 청명, 청풍명월, 풍전등화, 풍화작용

복용 : 약을 먹음.

선견지명 : 어떤 일이 일어나기 진에 미리 앞을 내다보고 아는 지혜.

청풍명월 : 맑은 바람과 밝은 달.

풍전등화 : 바람 앞의 등불이라는 뜻으로, 사

물이 매우 위태로운 처지에 놓여 있음을 비유적으로 이르는 말.

풍화작용 : 지표를 구성하는 암석이 햇빛, 공기, 물, 생물 따위의 작용으로 점차로 파괴되거나 분해되는 일.

19

8급		7급		
國	나라 국 丨冂冂冃同同同同國國國國	動	움직일 동 一 二 千 千 千 亨 重 重 動 動	行 다닐 행 丿 勹 彳 彳 行 行
小	작을 소 亅 小 小	自	스스로 자 丿 冂 冃 自 自 自	**5급**
中	가운데 중 丨 冂 口 中	下	아래 하 一 丁 下	落 떨어질 락 一 艹 艹 艾 茫 茫 茫 落 落
年	해 년(연) 丿 二 二 乍 岳 年	**6급**		卒 마칠 졸 亠 亠 亠 亠 亠 卒 卒 卒 卒
		業	일 업 丶 丷 丷 业 业 业 业 堂 堂 業 業	**4급**
				機 틀 기 一 十 才 木 木 桦 桦 桦 桦 桦 椕 機 機 機

정답은 120쪽에 있습니다.

 가로 열쇠

❶ 어떤 사람이 죽은 해. (반대말 생년(生年))

❷ 자본금, 종업원 수, 총자산, 자기 자본과 매출액 따위의 규모가 대기업에 비하여 상대적으로 작은 기업.

❸ 까마귀 날자 배 떨어진다는 뜻으로, 아무 관계도 없이 한 일이 공교롭게도 때가 같아 억울하게 의심을 받거나 난처한 위치에 서게 됨을 이르는 말.

❹ 사람의 손을 빌리지 아니하고 상품을 자동적으로 파는 장치. 동전이나 지폐를 넣고 원하는 물품을 선택하면 사려는 물품이 나오게 되어 있으며 주로 승차권, 음료 따위의 판매에 쓰인다. ≒자동판매기(自動販賣機)

 세로 열쇠

❶ 학생이 규정에 따라 소정의 교과 과정을 마침.

❷ 아시아 동부에 있는 크고 넓은 영토의 나라. 황허강을 중심으로 고대 문명이 일어난 곳으로, 1912년에 중화민국이 성립되었다.

❸ 동력으로 프로펠러를 돌리거나 연소 가스를 내뿜는 힘에 의하여 생기는 양력(揚力)을 이용하여 공중으로 떠서 날아다니는 항공기.

❹ 높은 데서 낮은 데로 떨어짐.

❺ 기계나 설비 따위가 스스로 작동함. 또는 그런 기계.

飛 날 비   乙乙
飞飞飞飞飛飛飛飛

3급

 企 꾀할 기   丿人人个个企企

 烏 까마귀 오   丿丶
𠂉𠂉𠂉𠂉烏烏烏烏烏

 梨 배 리(이)   丿二千
千千利利利梨梨梨

販 팔 판   丨刀
刀刀刀目貝貝販販販

보기

낙하, 비행기, 오비이락, 자동, 자판기, 졸년, 졸업, 중국, 중소기업

중소기업 : 자본금, 종업원 수, 총자산, 자기 자본과 매출액 따위의 규모가 대기업에 비하여 상대적으로 작은 기업.

오비이락 : 까마귀 날자 배 떨어진다는 뜻으로, 아무 관계도 없이 한 일이 공교롭게도 때가 같아 억울하게 의심을 받거나 난처한 위치에 서게 됨을 이르는 말.

자판기 : 사람의 손을 빌리지 아니하고 상품을 자동적으로 파는 장치. 주로 승차권, 음료, 담배 따위의 판매에 쓰인다. ≒자동판매기

졸년 : 어떤 사람이 죽은 해. (반대말 생년(生年))

20

	8급	
十	열 십	一 十
人	사람 인	丿 人
一	한 일	一

	7급	
家	집 가	宀 宀 宀 宀 宁 穷 家 家 家
力	힘 력(역)	フ 力

夫	지아비 부	一 二 夫 夫
不	아닐 부(불)	一 フ 不 不
心	마음 심	心 心 心 心
足	발 족	丶 口 口 口 足 足 足
主	주인 주, 임금 주	丶 二 ナ 主 主
上	윗 상	丨 卜 上

	6급	
分	나눌 분	丿 八 分 分
速	빠를 속	一 二 亓 曰 曲 束 束 涑 涑 速
身	몸 신	丿 丨 竹 竹 身 身 身

	5급	
屋	집 옥	尸 尸 尸 尽 屋 屋 屋

가로 열쇠

1 밥 열 술이 한 그릇이 된다는 뜻으로, 여러 사람이 조금씩 힘을 합하면 한 사람을 돕기 쉬움을 이르는 말.

2 마음과 몸을 아울러 이르는 말. ≒신심(身心)

3 가족의 한 구성원이 주로 결혼 따위로 살림을 차려 따로 나감.

4 지붕의 위. 특히 현대식 양옥 건물에서 마당처럼 편평하게 만든 지붕 위를 이른다.

5 한 가정의 살림살이를 맡아 꾸려 가는 안주인.

6 속도의 크기. 또는 속도를 이루는 힘.

 세로 열쇠

1 한 조각의 붉은 마음이라는 뜻으로, 진심에서 우러나오는 변치 아니하는 마음을 이르는 말.

2 개인의 사회적인 위치나 계급.

3 사람이 사는 집.(예 전통 ○○ / ○○의 구조.)

4 남편과 아내를 아울러 이르는 말.

5 대상이나 물건 등을 소유한 사람.

6 힘이나 기량 따위가 모자람.

4급	3급	
婦 아내 부, 며느리 부	丹 붉을 단	片 조각 편
	飯 밥 반	匙 (1급)숟가락 시

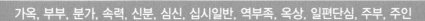

보기

가옥, 부부, 분가, 속력, 신분, 심신, 십시일반, 역부족, 옥상, 일편단심, 주부, 주인

십시일반 : 밥 열 술이 한 그릇이 된다는 뜻으로, 여러 사람이 조금씩 힘을 합하면 한 사람을 돕기 쉬움을 이르는 말.
일편단심 : 한 조각의 붉은 마음이라는 뜻으로, 진심에서 우러나오는 변치 아니하는 마음을 이르는 말.

21

정답은 120쪽에 있습니다.

 가로 열쇠

❶ 밤과 낮을 아울러 이르는 말. ≒ 밤낮

❷ 이렇든 저렇든 어떻든 간. ≒ 좌우간(左右間)

❸ 가고 오고 함. ≒ 통래(通來)

❹ 지식과 기술 등을 가르치며 인격을 길러 줌.

❺ 두 사람이 이해관계로 서로 싸우는 사이에 엉뚱한 사람이 애쓰지 않고 가로챈 이익을 이르는 말.

 세로 열쇠

❶ 먼동이 터서 해가 지기 전까지의 동안.

❷ 이리저리 왔다 갔다 하며 일이나 나아가는 방향을 종잡지 못함. ≒ 좌왕우왕(左往右往)

❸ 일정한 운동 따위를 통하여 신체를 튼튼하게 단련시키는 일, 또는 그러려고 하는 운동.

❹ 농민과 어민을 아울러 이르는 말.

❺ 이자가 비싼 돈. ≒ 고리대(高利貸)

5급

고기잡을 어
`丶丶氵氵沪沪沪渔`
`漁漁漁漁漁`

4급

갈 왕
`丶丶彳彳彳彳往往`

(3급) 갈 지, ~의 지
`丶 一 ユ 之`

(3급) 빌릴 대, 꿀 대
`丿亻亻代代代贷贷`
`贷贷贷`

 보기

고리대금, 교육, 농어민, 어부지리, 왕래, 우왕좌왕, 좌우지간, 주간, 주야, 체육

고리대금 : 이자가 비싼 돈. ≒ 고리대

농어민 : 농민과 어민을 아울러 이르는 말.

어부지리 : 두 사람이 이해관계로 서로 싸우는 사이에 엉뚱한 사람이 애쓰지 않고 가로챈 이익을 이르는 말.

우왕좌왕 : 이리저리 왔다 갔다 하며 일이나 나아가는 방향을 종잡지 못함.

좌우지간 : 이렇든 저렇든 어떻든 간.

22

	❶		❷		❷	❸
❶						
						❹
					❸❺	
	❹❻					

8급	
金	쇠 금, 성씨 김 ノ 人 人 今 今 余 余 金
生	날 생 ノ 一 ㅗ 牛 生
月	달 월 ノ 刀 月 月
人	사람 인 ノ 人
兄	형 형 丶 口 口 尸 兄

7급	
正	바를 정 一 丁 下 正 正
食	밥 식, 먹을 식　ノ 人 人 今 今 今 食 食 食
夫	지아비 부 一 二 丰 夫

6급	
公	공평할 공, 공적인 공 ノ 八 公 公
新	새 신　丶 亠 辛 辛 立 辛 辛 亲 亲 新 新 新

業	일 업　丶 丨 丬 丱 丱 业 业 业 业 業 業 業 業

5급	
課	매길 과, 공부할 과 丶 言 言 言 言 言 言 訶 訶 訶 訶 課 課 課
無	없을 무 ノ ノ 仁 仁 丘 無 無 無 無 無 無 無
兒	아이 아 丶 丶 白 白 白 兒 兒
元	으뜸 원 一 二 テ 元

정답은 120쪽에 있습니다.

 가로 열쇠

❶ 인생이 덧없음.

❷ 음력으로 한 해의 첫째 달. ≒ 일월(一月), 정월달

❸ 국가나 공공 단체가 국민에게 부과하는 금전적인 부담. 재산세, 자동차세, 전기료, 전화료, 상하수도 요금, 종합 소득세, 증여세, 갑근세 등이 있다.

❹ 잘 알지 못하는 사이에서, 상대편을 조금 높여 이르는 이인칭 대명사.

 세로 열쇠

❶ 태어난 지 얼마 되지 아니한 아이. = 갓난아이

❷ 뜻밖의 긴급한 사태. 또는 이에 대응하기 위해 신속히 내려지는 명령.(예 ○○대책 / ○○이 걸리다.)

❸ 달이 지구의 그림자에 가려 일부나 전부가 가려짐. 또는 그런 현상.

❹ '본전(꾸어 주거나 맡긴 돈에 이자를 붙이지 않은 돈)'을 전문적으로 이르는 말.

❺ 국가나 지방 자치 단체가 사회 공공의 복리를 증진하기 위하여 경영하는 기업. 철도, 우편, 수도 따위의 사업이 주를 이룬다. ≒ 공공 기업(公共企業)

❻ 언니의 남편을 이르거나 부르는 말.

4급	
 常	항상 상 ⁿ ⁿ ⁿ 岸 岸 常 常 常 常
 非	아닐 비 ノ ナ ヺ ヺ 丰 非 非 非
氏	성씨 씨 ー ⺄ 斤 氏
企	(3급) 꾀할 기 ノ 人 仐 仐 仐 企 企

 보기

공과금, 공기업, 비상, 신생아, 원금, 월식, 인생무상, 정월, 형부, 형씨

공과금 : 국가나 공공 단체가 국민에게 부과하는 금전적인 부담. 지방세인 재산세, 자동차세, 전기료, 전화료, 상하수도 요금과 국세인 종합 소득세, 증여세, 갑근세 따위가 있다.

공기업 : 국가나 지방 자치 단체가 사회 공공의 복리를 증진하기 위하여 경영하는 기업. 철도, 우편, 수도 따위의 사업이 주를 이룬다.

비상 : 뜻밖의 긴급한 사태. 또는 이에 대응하기 위하여 신속히 내려지는 명령.

인생무상 : 인생이 덧없음.

23

정답은 120쪽에 있습니다.

가로 열쇠

1. 대부분의 주민들이 농업에 종사하는 마을이나 지역.
2. 돈이나 그 밖의 값나가는 모든 물건.
3. 집안 살림에 쓰는 여러 물건. ≒ 가재기물(家財器物)
4. 외국의 세력.(예 ○○의 침략.)
5. 얼굴을 감추거나 달리 꾸미기 위하여 나무, 종이, 흙 따위로 만들어 얼굴에 쓰는 물건. ≒ 탈

세로 열쇠

1. 논밭에 심어 가꾸는 곡식이나 채소.
2. 재물의 힘. 또는 재산상의 능력.
3. 문화 활동에 의하여 창조된 가치가 뛰어난 사물.(예 무형 ○○○)
4. 집안의 운수나 살림살이 따위의 형세.(예 ○○가 기울다.)
5. 어떤 내용이 구체적인 사실로 나타나게 함.(예 정의의 ○○.)
6. 마주치기를 꺼리어 피하거나 얼굴을 돌림.
7. 실제의 자기 이름이 아닌 이름.

財 재물 재
丨 冂 冃 月 目 貝 貝 貝一 財 財

化 될 화
丿 亻 亻' 化

4급

假 거짓 가
丿 亻 亻 亻 亻 亻 亻 亻 假 假

勢 세력 세
一 十 土 夫 夫 坴 坴 坴 埶 埶 埶 勢 勢

보기

가면, 가명, 가세, 가재도구, 구현, 농작물, 농촌, 문화재, 외면, 외세, 재력, 재물

가명 : 실제의 자기 이름이 아닌 이름.

가재도구 : 집안 살림에 쓰는 여러 물건.

구현 : 어떤 내용이 구체적인 사실로 나타나게 함

농작물 : 논밭에 심어 가꾸는 곡식이나 채소.

문화재 : 문화 활동에 의하여 창조된 가치가 뛰어난 사물.

외면 : 마주치기를 꺼리어 피하거나 얼굴을 돌림.

재력 : 재물의 힘. 또는 재산상의 능력.

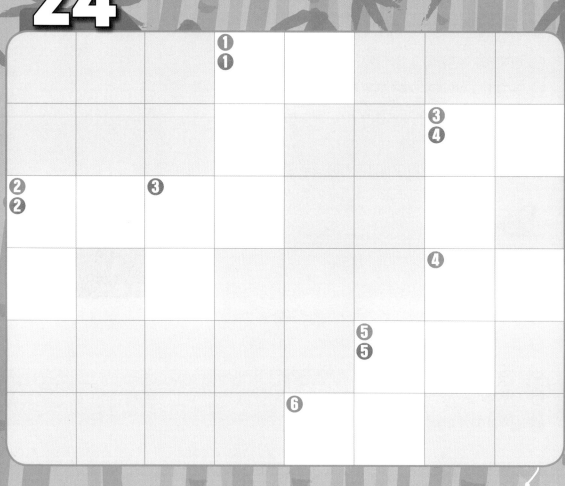

가로 열쇠

❶ 북쪽에서 불어오는 바람. ≒북새풍(北塞風)

❷ 큰곰자리에서 국자 모양을 이루며 가장 뚜렷하게 보이는 일곱 개의 별.

❸ 같은 종류의 사물 가운데 큰 규격이나 규모.

❹ 이름난 악곡. 또는 뛰어나게 잘된 악곡.

❺ 모자람이 없이 넉넉함.

❻ 나오던 피가 멈춤. 또는 나오던 피를 멈춤.

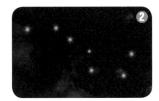

세로 열쇠

❶ 작은곰자리에서 가장 밝은 별. 천구(天球)의 북극 가까이에 있고 위치가 거의 변하지 않아, 방위나 위도의 지침이 된다.

❷ 중국의 수도. ≒베이징

❸ 음력으로 칠월 초이렛날의 밤. 이때에 은하의 서쪽에 있는 직녀와 동쪽에 있는 견우가 오작교에서 일 년에 한 번 만난다는 전설이 있다.

❹ 사람으로서 마땅히 지키고 행하여야 할 도리나 본분. 또는 어떤 일을 꾀하는 데 내세우는 알맞은 구실이나 이유.

❺ 몸의 일정한 부분에 동맥피가 비정상적으로 많이 모임.(예 눈이 ○○되다.)

 말 두, 별 이름 두
`、、ニ斗`

 별 성
`丶口
日旦早旱星星`

 옳을 의
`、、ソソ半羊羊羊
羊羊義義義`

 피 혈
`丶丶白白血血`

 (2급) 모형 형
`一二于开刑刑刑型型`

보기

대의명분, 대형, 명곡, 북경, 북극성, 북두칠성, 북풍, 지혈, 충분, 충혈, 칠석

대의명분 : 사람으로서 마땅히 지키고 행하여야 할 도리나 본분.

대형 : 같은 종류의 사물 가운데 큰 규격이나 규모.

북극성 : 작은곰자리에서 가장 밝은 별. 천구(天球)의 북극 가까이에 있고 위치가 거의 변하지 않아, 방위나 위도의 지침이 된다.

북두칠성 : 큰곰자리에서 국자 모양을 이루며 가장 뚜렷하게 보이는 일곱 개의 별.

북경 : 중국의 수도. ≒베이징

칠석 : 음력으로 칠월 초이렛날의 밤. 이때에 은하의 서쪽에 있는 직녀와 동쪽에 있는 견우가 오작교에서 일 년에 한 번 만난다는 전설이 있다.

❶ ❸ ❹

❶
❷ ❸

❷ ❹

❺
❺

❻
❻

8급

東 동녘 동
一 一 一 一 一 一 車 東 東

中 가운데 중
丶 口 口 中

北 북녘 북, 달아날 배
丨 十 키 北 北

西 서녘 서
一 一 一 丙 西 西

7급

答 대답할 답
丿 人 人 人
竹 竹 竺 竺 答 答 答

立 설 립(입)
丶 一 一 一 立

名 이름 명
丿 夕 夕 夕 名 名

問 물을 문 丨 丿 尸 尸
尸 門 門 門 問 問 問

正 바를 정
一 丁 下 正 正

春 봄 춘   一 二
三 声 夫 夫 春 春 春

海 바다 해   丶 丶 氵
氵 氵 汇 海 海 海 海

主 주인 주, 임금 주
丶 丶 二 主 主

6급

身 몸 신
丶 丿 丬 竹 自 身 身

風 바람 풍   丿 几
几 凡 凤 凨 風 風 風

5급

亡 망할 망
丶 一 亡

相 서로 상   一 十
才 木 机 机 相 相 相

정답은 121쪽에 있습니다.

가로 열쇠

❶ 출세하여 이름을 세상에 떨침.

❷ 실제의 이름.

❸ 동북쪽에서 서남쪽으로 부는 바람.≒동북풍

❹ 서쪽에 있는 바다.

❺ 옳은 답.

❻ 부모나 조부모가 세상을 떠나서 상을 치르는 동안.

세로 열쇠

❶ 말이나 행동을 잘못하여 자기의 지위, 명예, 체면 따위를 손상함.(예 ○○을 당하다.)

❷ 이십사절기의 하나. 대한(大寒)과 우수(雨水) 사이에 들며, 이때부터 봄이 시작된다고 함.

❸ 이름과 실상이 서로 꼭 맞음.

❹ 물음과는 전혀 상관없는 엉뚱한 대답.

❺ 똑바른 동쪽, 또는 그런 방향.

❻ 상중에 있는 사람 중 주(主)가 되는 사람. 대개 맏아들이 된다.

實 열매 실 `丶宀宀宀宁宙宙宙宙宵宵宵實實實`

符 부호 부 `丿𠂉𠂉𥫗𥫗𥫗𥫗符符符符`

3급

喪 잃을 상 `一十十卄𠀬𠀬𠀬喪喪喪喪喪`

揚 날릴 양 `一十才扌扌扌扗扬揚揚揚`

보기

동문서답, 망신, 명실상부, 북동풍, 상주, 상중, 서해, 실명, 입신양명, 입춘, 정답, 정동

동문서답 : 물음과는 전혀 상관없는 엉뚱한 대답.

북동풍 : 동북쪽에서 서남쪽으로 부는 바람.≒동북풍

명실상부 : 이름과 실상이 서로 꼭 맞음.

입신양명 : 출세하여 이름을 세상에 떨침.

상주 : 상중에 있는 사람 중 주(主)가 되는 사람. 대개 맏아들이 된다.

상중 : 부모나 조부모가 세상을 떠나서 상을 치르는 동안.

입춘 : 이십사절기의 하나. 대한(大寒)과 우수(雨水) 사이에 들며, 이때부터 봄이 시작된다고 한다.

26

8급		
校	학교 교	一 十 才 / 木 术 杧 栌 栌 校 校
國	나라 국	丨 冂 冂 / 冂 冋 同 雨 國 國 國 國
年	해 년(연)	丿 一 二 二 二 年 年
門	문 문	丨 丨 丨 門 門 門 門 門 門
父	아버지 부	丷 丷 丷 父

土	흙 토	一 十 土
青	푸를 청	一 二 丰 圭 圭 青 青 青

7급		
少	적을 소, 젊을 소	丿 亅 小 少
手	손 수	一 二 三 手
市	저자 시	丶 亠 广 方 市

語	말씀 어	丶 亠 亠 言 言 言 言 訂 / 訐 語 語 語 語 語
子	아들 자	一 了 子
前	앞 전	丶 丷 / 丷 广 芍 前 前 前 前
地	땅 지	一 十 土 圵 圵 地 地
事	일 사	一 一 一 一 一 写 写 写 事

정답은 121쪽에 있습니다.

 가로 열쇠

① 상해 또는 선천적 기형으로 인한 인체의 변형이나 미관상 보기 흉한 신체의 부분을 외과적으로 교정하고 회복시키는 수술.

② 청년과 소년을 아울러 이르는 말.

③ 아버지와 아들을 함께 이르는 말.

④ 학교의 문.

⑤ 옛이야기에서 유래한, 한자로 이루어진 말.

⑥ 경지나 주거지 따위의 사람의 생활과 활동에 이용하는 땅.

 세로 열쇠

① 성년이 되는 것을 기념하는 통과 의례.

② 신선한 과일과 채소를 통틀어 이르는 말. ≒ 청과물(青果物)

③ 아들의 아들. 또는 딸의 아들.

④ 찾아오는 사람이 많아 집 문 앞이 시장을 이루다시피 함을 이르는 말.

⑤ 주로 남의 나라에 있는 사람이 자신의 조상 때부터 살던 나라를 이르는 말.

⑥ 나라의 땅.

 6급

果 실과 과, 열매 과
丨 口 口 曰 旦 甲 昊 果

成 이룰 성
丿 厂 F 反 成 成 成

孫 손자 손 　 丁 了 孑
孑 孑 孫 孫 孫 孫 孫

術 재주 술 　 彳 千 千
彴 彴 徘 術 術 術 術

式 법식 식
一 二 干 式 式 式

形 모양 형
一 二 干 开 开 形 形

 4급

故 옛 고 　 一 十
十 古 古 古 故 故 故

보기

고국, 고사성어, 교문, 국토, 문전성시, 부자, 성년식, 성형수술, 손자, 청과, 청소년, 토지

고사성어 : 옛이야기에서 유래한, 한자로 이루어진 말.

문전성시 : 찾아오는 사람이 많아 집 문 앞이 시장을 이루다시피 함을 이르는 말.

성년식 : 성년이 되는 것을 기념하는 통과 의례.

27

8급		
水	물 수	亅水水水
一	한 일	一

7급		
答	대답할 답	亻亻亽竺竺竺竺竺竺答答
問	물을 문	亻亻亻門門門門門問問問
不	아닐 부(불)	一アオ不

食	밥 식, 먹을 식	亅人人今今今食食食
數	셈 수	丨口日日日昌昌串串婁婁數數數

6급		
禮	예도 례(예)	一二亍亍亦示示和神神神神神神神神神神神神神神
目	눈 목	丨口日月目
衣	옷 의	亠亠亠亠亠亠衣衣

5급		
可	옳을 가	一一一一一可
見	볼 견	丨口日日目目見
識	알 식	亠亠亠亠言言言言言言言語語語語語語識識識
知	알 지	亻亻上矢矢知知知

4급		
未	아닐 미	一二十未未

정답은 121쪽에 있습니다.

 가로 열쇠

① 눈앞에 벌어진 상황 등을 눈 뜨고는 차마 볼 수 없음.

② 묻지 않아도 알 수 있음.

③ 말, 동작, 물건 따위로 남에게서 받은 예를 도로 갚음.

④ 좋은 옷을 입고 좋은 음식을 먹음.

⑤ 경제 활동이 일반적으로 침체되는 상태. ≒불경기(不景氣)

 세로 열쇠

① '아주 간단한 丁자를 보고도 그것이 고무래인 줄을 알지 못한다'는 뜻으로, 아주 까막눈임.

② 괴로움이나 어려움을 참고 견딤.

③ 한 번 물음에 대하여 한 번 대답함.

④ 방정식에서 구하려고 하는 수. 또는 미리 헤아릴 수 없는 앞일.

⑤ 옷을 벗음.

⑥ 경기가 좋음.

⑦ 먹을 용도의 물.

| 丁 | 고무래 정
一 丁 |
| 脫 | 벗을 탈　丿 刀 月 月
月 肖 肖 胪 胪 胪 脫 |

| 好 | 좋을 호
乚 乚 女 女 好 好 |
| 況 | 상황 황
丶 丶 氵 氵 汀 沪 況 |

| 忍 | (3급) 참을 인
フ 刀 刃 刃 忍 忍 忍 |
| 耐 | (3급) 견딜 내　一 丆
广 丆 而 而 耐 耐 耐 |

 답례, 목불식정, 목불인견, 미지수, 불문가지, 불황, 식수, 인내, 일문일답, 탈의, 호의호식, 호황

보기

목불식정 : 아주 간단한 글자인 '丁' 자를 보고도 그것이 '고무래'인 줄을 알지 못한다는 뜻으로, 아주 까막눈임을 이르는 말.

목불인견 : 눈앞에 벌어진 상황 따위를 눈 뜨고는 차마 볼 수 없음.

미지수 : 방정식에서 구하려고 하는 수. 또는 미리 헤아릴 수 없는 앞일.

불문가지 : 묻지 아니하여도 알 수 있음.

일문일답 : 한 번 물음에 대하여 한 번 대답함.

호의호식 : 좋은 옷을 입고 좋은 음식을 먹음.

28

8급	
年	해 년(연) ノ ト と ヒ 亇 年
人	사람 인 ノ 人

7급	
來	올 래(내) 一 厂 厂 厂 厂 束 來 來
面	낯 면 一 一 一 一 而 而 面 面 面

物	물건 물 ノ ト ト ド 牜 牜 物 物
食	밥 식, 먹을 식 ノ 人 个 今 今 今 食 食 食
心	마음 심 ノ 心 心 心
住	살 주 ノ イ イ イ' イ' 住 住
海	바다 해 ` 冫 冫 氵 汇 汇 海 海 海 海

6급	
對	대할 대 ` ` ` ` ヴ ヴ ヴ 业 业 业 业 业 對 對
理	다스릴 리(이) 一 二 Ŧ 王 刊 刊 刊 刊 刊 理 理
成	이룰 성 ノ 厂 F 万 成 成 成
衣	옷 의 ` 亠 宀 宁 衣 衣
會	모일 회 ノ 人 人 今 今 命 命 命 命 命 會 會 會 會

가로 열쇠

❶ 사람의 생김새와 옷차림. ≒인상복색(人相服色)(예 범인의 ○○○○를 설명하다.)

❷ 사람이 들어가 살 수 있게 지은 건물.

❸ 앞으로 올 때. (예 ○○에는 새로운 직업이 많이 생길 것이다.)

❹ 물질적인 것과 정신적인 것의 두 방면.

❺ 어떤 문제를 가지고 거기에 관련된 사람들이 한자리에 모여서 토의함. (예 남북 정상 ○○)

세로 열쇠

❶ 서로 맞서거나 비교되는 관계에 있는 (것). (예 ○○○인 가치.)

❷ 옷과 음식과 집을 통틀어 이르는 말. 인간 생활의 세 가지 기본 요소이다.

❸ 주고받음, 또는 사고팖. (예 ○○가 활발하다.)

❹ 성년이 아닌 나이. 민법상 만 19세 미만이다.

❺ 바다에서 나는 동식물을 통틀어 이르는 말. ≒해산물(海産物)

❻ 마음의 작용과 의식의 상태.(예 묘한 사람의 ○○.)

❼ 일반인의 출입이 제한되는 어떤 기관이나 집단생활을 하는 곳에 찾아가서 사람을 만나 봄.

5급
宅 댁 댁, 집 택 　丶宀宁宅宅
去 갈 거 　一十土去去

談 말씀 담
的 과녁 적, 하는 것 적
着 붙을 착

相 서로 상

4급
兩 두 량(양)
未 아닐 미

보기

거래, 면회, 물심양면, 미래, 미성년, 상대적, 심리, 의식주, 인상착의, 주택, 해물, 회담

물심양면 : 물질적인 것과 정신적인 것의 두 방면.
미성년 : 성년이 아닌 나이. 민법상 만 19세 미만이다.
상대적 : 서로 맞서거나 비교되는 관계에 있는 (것).
인상착의 : 사람의 생김새와 옷차림.
해물 : 바다에서 나는 동식물을 통틀어 이르는 말. ≒해산물

29

8급

女 여자 녀(여)
く 女 女

年 해 년(연)
ノ ト ヒ ヒ 匡 年

大 클 대, 큰 대
一 ナ 大

人 사람 인
ノ 人

7급

記 기록할 기
` ﹁ ﹁ ﹂
﹂ ﹁ 言 言 言 記 記 記

男 사내 남
丶 口 口 円 田 男 男

老 늙을 로(노)
一 十 土 耂 耂 老

正 바를 정
一 丁 下 止 正

平 평평할 평
一 ﹁ 六 ㄷ 平

少 적을 소, 젊을 소
丿 小 小 少

6급

明 밝을 명
丨 ﹁ 日 日 明 明 明 明

美 아름다울 미
丶 丷 丷 半 半 兰 羊 美 美

新 새 신
丶 立 立 辛 亲 亲 新 新 新

樂 노래 악, 즐길 락(낙), 좋아할 요
丿 白 白 白 白 伯 伯 細 細
絈 絈 樂 樂 樂 樂

音 소리 음
丶 一 三 立 产 音 音 音 音

公 공평할 공
丿 八 公 公

光 빛 광
丨 丨 业 业 光 光

정답은 121쪽에 있습니다.

 가로 열쇠

① 하는 일이나 태도가 사사로움이나 그릇됨이 없이 아주 정당하고 떳떳함.

② 상으로 주는 물품.

③ 삼가 새해를 축하한다는 뜻으로, 새해의 복을 비는 인사말.

④ 테이프나 판 또는 영화 필름 등에 소리를 기록함.

⑤ 남자와 여자, 늙은이와 젊은이란 뜻으로, 모든 사람을 이르는 말.

세로 열쇠

① 밝고 환함. 또는 밝은 미래나 희망을 상징하는 밝고 환한 빛.

② 어느 쪽으로도 치우치지 않고 고름.
(예 ○○하게 나누다.)

③ 여러 가지 상 가운데 가장 큰 상.

④ 기존의 기록보다 뛰어난 새로운 기록.

⑤ 박자, 가락, 음성 따위를 갖가지 형식으로 조화하고 결합하여, 목소리나 악기를 통하여 사상 또는 감정을 나타내는 예술.

⑥ 얼굴이 잘생긴 남자.

⑦ 나이가 들어 늙은 사람.

5급	
	상 줄 상 〳 〵 〴 〴 〳 〳 〵 〳 〳 〳 〳 〳 〳 〳 〳 〳 〳
	물건 품 〳 口 口 口 口 品 品 品 品

4급	
錄	기록할 록(녹) 〳 〵 〵 〵 〵 〵 〵 金 金 金 釒 釒 釒 釒 釒 錄 錄 錄

(3급) 하례할 하 フ カ カ
加 加 加 智 智 智 智 賀 賀

(3급) 삼갈 근
〳 〵 〵 〵 〵 言 言 言 訖 訖 訖 訖 訖 訖 訖 謹 謹 謹

보기

공명정대, 공평, 광명, 근하신년, 남녀노소, 노인, 녹음, 대상, 미남, 상품, 신기록, 음악

광명 : 밝고 환함. 또는 밝은 미래나 희망을 상징하는 밝고 환한 빛.

공명정대 : 하는 일이나 태도가 사사로움이나 그릇됨이 없이 아주 정당하고 떳떳함.

근하신년 : 삼가 새해를 축하한다는 뜻으로, 새해의 복을 비는 인사말.

남녀노소 : 남자와 여자, 늙은이와 젊은이란 뜻으로, 모든 사람을 이르는 말.

녹음 : 테이프나 판 또는 영화 필름 등에 소리를 기록함.

신기록 : 기존의 기록보다 뛰어난 새로운 기록.

			❶	❶		
				❷		❹
	❷				❹	
❸❸						
				❺❺		❻

8급

生 날 생
丿 ㇏ ㇏ 牛 生

中 가운데 중
丶 口 口 中

7급

間 사이 간
丨 冂 冂 冋 門 門 門 門 問 問 間

空 빌 공
宀 宀 宀 空 空 空

上 윗 상
丨 卜 上

活 살 활
丶 氵 氵 汗 汗 活 活 活

6급

服 옷 복
丿 刀 月 月 肝 肝 服 服

死 죽을 사
一 ㇏ 万 歹 死 死

黃 누를 황
一 十 卄 卄 芇 芇 茜 苗 昔 黄 黄

5급

陸 뭍 륙(육)
丿 ㇈ 阝 阝 阽 阹 陃 陸 陸 陸 陸

亡 망할 망
丶 ㇀ 亡

魚 물고기 어
丿 ㇑ ㇈ 召 召 角 备 备 魚 魚 魚 魚

的 과녁 적
丿 丿 刁 白 白 白 的 的

정답은 121쪽에 있습니다.

 가로 열쇠

❶ 누런 모래. 봄철 ○○는 중국 북부 사막의 흙먼지가 강한 상승 기류를 타고 우리나라까지 날라오는 현상이다.

❷ 배에서 육지로 오름.(예 인천 ○○ 작전)

❸ 공중에 떠 있는 누각이라는 뜻으로, 아무런 근거나 토대가 없는 사물이나 생각을 비유적으로 이르는 말. ≒신기루(蜃氣樓)

❹ 사람이 죽음.

❺ 개인의 사사로운 일상생활.

세로 열쇠

❶ 모래 위에 세운 누각이라는 뜻으로, 기초가 튼튼하지 못하여 오래 견디지 못할 일이나 물건을 이르는 말.

❷ 화살 등이 목표물에 맞음. 또는 예상이나 추측, 목표 따위에 꼭 들어맞음.

❸ 아무것도 없는 빈 곳.
(예 주차 ○○이 부족하다.)

❹ 거의 죽을 뻔하다가 도로 살아남. 위기의 상황에서 기적처럼 나아졌을 때 쓰는 말.

❺ 관복이나 제복이 아닌 사사로이 입는 옷.

❻ 살아 있는 물고기.

4급		3급		沙	모래 사

4급

起 일어날 기 　 一 十 土
土 キ 丰 非 走 起 起 起

私 사사 사
′ 二 千 禾 禾 私 私

回 돌아올 회
丨 冂 冂 冋 冋 回

3급

閣 집 각
丨 丨 丨 丨 丨 丨 丨 丨 丨 丨
門 閈 閈 閣 閣 閣

樓 다락 루(누)
一 十 十 十 十 十 柯 柯 柯
柯 柯 柚 棲 樓 樓

沙 모래 사
′ ′ ′ ′ ′ ′ ′ 沙 沙

보기 공간, 공중누각, 기사회생, 사망, 사복, 사상누각, 사생활, 상륙, 적중, 활어, 황사

공중누각 : 공중에 떠 있는 누각이라는 뜻으로, 아무런 근거나 토대가 없는 사물이나 생각을 비유적으로 이르는 말.

기사회생 : 거의 죽을 뻔하다가 도로 살아남.

사상누각 : 모래 위에 세운 누각이라는 뜻으로, 기초가 튼튼하지 못하여 오래 견디지 못할 일이나 물건을 이르는 말.

활어 : 살아 있는 물고기.≒생어(生魚), 활선어(活鮮魚)

황사 : 누런 모래.

31

❶❶ ❷ ❷ ❸ ❸ ❹ ❹ ❺

8급	
一	한 일 一

7급	
心	마음 심 `丶心心心`
正	바를 정 `一 丁 下 正 正`

6급	
發	필발 `フ ヲ ダ ダ 癶 癶 癶 發 發 發 發 發`
本	근본 본 `一 十 才 木 本`
意	뜻 의 `丶 亠 亠 立 立 产 音 音 音 音 意 意 意`

5급	
見	볼 견 `丨 冂 冂 目 目 貝 見`
無	없을 무 `丿 亠 二 午 午 無 無 無 無 無 無 無`
識	알 식 `丶 亠 亠 言 言 言 言 言 言 言 言 言 言 言 言 識 識 識`
再	두 재 `一 厂 厅 再 再 再`
知	알 지 `丿 卜 仁 午 矢 知 知 知`

정답은 121쪽에 있습니다.

 가로 열쇠

❶ 같은 현상이나 일이 한두 번이나 한둘이 아니고 많음. (예 마을 사람들이 일자리를 따라 떠나고 하는 일이 ○○○○했다.)

❷ 상식이 전혀 없음. (예 횡단보도가 아닌 곳에서 무단횡단을 하는 ○○○한 사람.)

❸ 전체 상품의 품질이나 상태 따위를 알아볼 수 있도록 본보기로 보이는 물건.

❹ 어떤 대상에 대하여 가지는 생각.(예 이 문제에 우리는 ○○충돌이 일어났다.)

 세로 열쇠

❶ 정상이 아님.

❷ 어떤 사실이나 가치를 다시 새롭게 발견하여 인정함.(예 한복과 한옥 등 전통문화의 ○○○은 새로운 가치를 창출한다.)

❸ 본디부터 변함없이 그대로 가지고 있는 마음 또는 꾸밈이나 거짓이 없는 참마음. ≒ 본마음

❹ 의식함이 없음. 자신의 언동이나 상태 따위를 스스로 깨닫지 못하는 일체의 작용 또는 자각이 없는 의식의 상태.

❺ 어떤 대상에 대해 배우거나 실천을 통해 뚜렷이 알게 된 것.(예 ○○을 얻다. / ○○을 갖추다.)

4급	
非	아닐 비 ノ ナ 키 키 키 非 非 非
常	항상 상 ヽ ゝ ⺌ ⺌ 常 常 常 常 常 常 常
沒	(3급) 빠질 몰 ヽ ヽ ⺡ ⺡ 沕 汐 汐 沒

보기 견본, 몰상식, 무의식, 본심, 비일비재, 비정상, 의견, 재발견, 지식

견본 : 전체 상품의 품질이나 상태 따위를 알아볼 수 있도록 본보기로 보이는 물건.≒견품(見品)

무의식 : 자신의 언동이나 상태 따위를 스스로 깨닫지 못하는 일체의 작용.

비일비재 : 같은 현상이나 일이 한두 번이나 한둘이 아니고 많음.

재발견 : 어떤 사실이나 가치를 다시 새롭게 발견하여 인정함.

지식 : 어떤 대상에 대하여 배우거나 실천을 통하여 알게 된 명확한 인식이나 이해.

32

8급

國 나라 국
丨冂冂
冂冂冂冃冃國國國國

民 백성 민
フフアア民

山 메 산
丨山山

外 바깥 외
クタ外外

一 한 일
一

二 두 이
二

7급

江 강 강
丶丶氵汀江江

不 아닐 불(부)
フア不

足 발 족, 넉넉할 족
丨口口口口足足

6급

反 돌이킬 반
厂厅反

죽을 사

死 죽을 사
一厂歹歹歹死

石 돌 석
一丆石石石

5급

他 다를 타
ノイ仲仲他

4급

律 법칙 률(율)
ノクイ针针律律律

背 등 배
北北背背背

정답은 121쪽에 있습니다.

 가로 열쇠

❶ 다른 산의 나쁜 돌이라도 자기 산의 옥돌을 가는 데에 쓸 수 있다는 뜻으로, 본이 되지 않은 남의 말이나 행동도 자신의 지식과 인격을 수양하는 데에 도움이 될 수 있음을 비유적으로 이르는 말.

❷ 두 가지 규율이 서로 맞선다는 뜻으로 서로 모순되어 양립할 수 없는 두 가지 명제.

❸ 영원히 죽지 않는다는 전설의 새와 같이, 어떠한 어려움이나 고난에 빠져도 굴하지 않고 이겨 내는 사람을 비유적으로 이르는 말.

❹ 마음에 흡족함.

❺ 국가를 구성하는 사람. 또는 그 나라의 국적을 가진 사람.
(🖉 우리는 대한민국의 ○○이다.)

 세로 열쇠

❶ 강과 산이라는 뜻으로, 자연의 경치를 이르는 말. (🖉 비단에 수를 놓은 것처럼 아름다운 산천을 '금수○○'이라고 한다.)

❷ 돌 한 개를 던져 새 두 마리를 잡는다는 뜻으로, 동시에 두 가지 이득을 봄을 이르는 말.

❸ 자기 고향이 아닌 고장.

❹ '도둑이 도리어 매를 든다'는 뜻으로, 잘못한 사람이 아무 잘못도 없는 사람을 나무람을 이르는 말.

❺ 필요한 양이나 기준에 미치지 못해 충분하지 않음.

❻ 자기 나라가 아닌 다른 나라.

賊	도둑 적	ㅣㅁㅁㅁㅁ 月貝貝財財賊賊賊
鳥	새 조	′′户户户自鸟鸟鸟鸟
鄉	시골 향	′′纟纟纟纟郑郑郑郑郑郑郷

| 滿 | 찰 만 | ゙ヽ氵氵沪沪沪沪满满满满满满满 |

3급

| 之 | 갈 지, ~의 지 | ゛一宀之 |

| 荷 | 멜 하 | 艹艹艹艿芢荷荷荷 |
| 杖 | (1급) 지팡이 장 | 一十才木朾杖杖 |

보기

강산, 국민, 만족, 부족, 불사조, 외국, 이율배반, 일석이조, 적반하장, 타산지석, 타향

불사조 : 영원히 죽지 않는다는 전설의 새와 같이, 어떠한 어려움이나 고난에 빠져도 굴하지 않고 이겨 내는 사람을 비유적으로 이르는 말.

이율배반 : 서로 모순되어 양립할 수 없는 두 개의 명제. 예를 들면 철학계에서는 '신은 있다'와 '신은 없다'를 대표적인 이율배반으로 꼽는데 이는 둘 다 증명이 불가능하기 때문이다.

일석이조 : 돌 한 개를 던져 새 두 마리를 잡는다는 뜻으로, 동시에 두 가지 이득을 봄을 이르는 말.

적반하장 : 도둑이 도리어 매를 든다는 뜻으로, 잘못한 사람이 아무 잘못도 없는 사람을 나무람을 이르는 말.

타산지석 : 다른 산의 나쁜 돌이라도 자기 산의 옥돌을 가는 데에 쓸 수 있다는 뜻으로, 본이 되지 않은 남의 말이나 행동도 자신의 지식과 인격을 수양하는 데에 도움이 될 수 있음을 비유적으로 이르는 말.

33

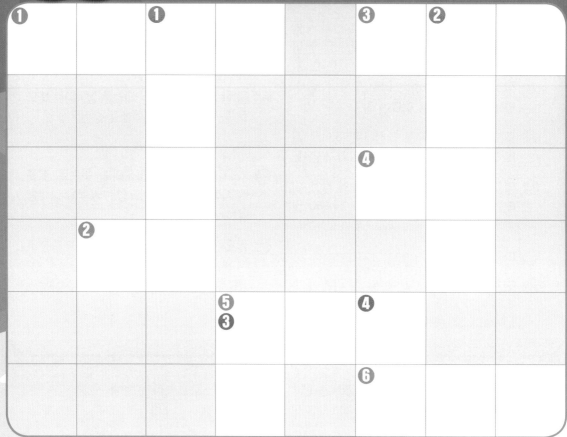

8급

女	여자 녀(여)
	𰄚 𰄚 女
一	한 일
	一
四	넉 사
	丨 口 四 四 四

7급

天	하늘 천
	一 二 天 天
下	아래 하
	一 丅 下

子	아들 자
	丁 了 子
自	스스로 자
	丿 丿 冂 冃 自 自
場	마당 장
	一 十 土 圹 圸 圯 圯 坦 坦 場 場 場
夫	지아비 부
	一 二 丰 夫

6급

高	높을 고
	丶 一 亠 亠 宁 高 高 高 高 高

理	다스릴 리(이)
	一 二 于 王 王 𤤴 𤩅 𤩅 理 理
信	믿을 신
	丿 亻 亻 㐰 信 信 信 信 信

5급

致	이를 치
	一 二 三 三 至 至 到 到 致 致
馬	말 마
	丨 厂 厂 厂 用 馬 馬 馬 馬 馬
兵	병사 병
	丿 亻 亇 斤 斤 丘 兵 兵

정답은 122쪽에 있습니다.

 가로 열쇠

❶ 매우 자신이 있다. (예 군사들은 모두 ○○○○한 표정이었다.)

❷ 사물의 정당한 조리(條理). 또는 도리에 맞는 취지. (예 자연의 ○○. / 예 ○○에 맞다.)

❸ 온 천하. (예 ○○○에 공표하다.)

❹ 병사와 군마를 함께 이르는 말.

❺ 동양화에서, 매화·난초·국화·대나무를 그린 그림, 또는 그 소재.

❻ 남자처럼 굳세고 기개가 있는 여자.

 세로 열쇠

❶ 모든 사람의 의견이 같음. (예 회장을 ○○○○로 선출하였다.)

❷ 하늘이 높고 말이 살찐다는 뜻으로, 하늘이 맑아 높푸르게 보이고 온갖 곡식이 익는 가을철을 이르는 말. (예 ○○○○의 계절이 오다.)

❸ 봄·여름·가을·겨울의 네 계절. ≒ 사계절(四季節)

❹ 아들과 딸을 아울러 이르는 말.

4급	찰 만 滿	(3급) 어른 장 丈
계절 계 季	``丶丶氵氵汁汁汁汁满满满满满满``	``一ナ丈``
임금 군 君	(3급) 살찔 비 肥	
``フ♉⇁尹尹君君``	``丿刀月月肝肝肥肥``	

 만장일치, 만천하, 병마, 사계, 사군자, 여장부, 이치, 자녀, 자신만만, 천고마비

 보기

만장일치 : 모든 사람의 의견이 같음.

만천하 : 온 천하.

사군자 : 동양화에서, 매화·난초·국화·대나무를 그린 그림, 또는 그 소재.

이치 : 사물의 정당한 조리(條理). 또는 도리에 맞는 취지.

자신만만 : 매우 자신이 있다.

천고마비 : 하늘이 높고 말이 살찐다는 뜻으로, 하늘이 맑아 높푸르게 보이고 온갖 곡식이 익는 가을철을 이르는 말.

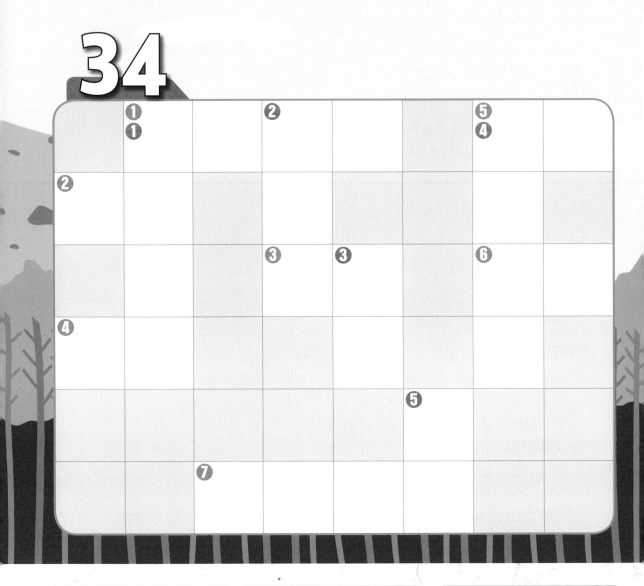

	8급	
門	문 문	`丨 冂 冂 冃 冃 冃 門 門 門`
山	메 산	`丨 山 山`
三	석 삼	`一 二 三`
水	물 수	`丨 丿 水 水`
一	한 일	`一`

	7급	
道	길 도, 도리 도	`丶 丷 丷 艹 首 首 首 首 首 首 首 道 道`
話	말씀 화	`丶 二 三 言 言 言 言 訁 訁 訁 話 話`
子	아들 자	`フ 了 子`
安	편안할 안	`丶 丷 宀 宀 安 安`

	6급	
童	아이 동	`丶 二 千 立 产 音 音 音 音 童 童`
身	몸 신	`丶 丿 겨 月 身 身 身`
樂	노래 악, 즐길 락(낙), 좋아할 요	`丿 冇 白 白 铂 幼 幼 樂 樂 樂 樂 樂`
園	동산 원	`丨 冂 冂 冃 門 周 周 周 周 園 園 園 園`

정답은 122쪽에 있습니다.

가로 열쇠

1. 키가 석 자 정도밖에 되지 않는 어린아이. 철없는 어린아이를 이른다.
2. 차례나 순서를 나타내는 위치나 지위.(예 이 경기에 따라 ○○가 결정된다.)
3. 책을 갖추어 놓고 팔거나 사는 가게. ≒ 서점(書店)
4. 사람의 몸.
5. 어떤 사람이 편안하게 잘 지내고 있는지 그렇지 아니한지에 대한 소식.
6. 아무런 괴로움이나 고통이 없이 안락하게 살 수 있는 즐거운 곳.
7. 산수(山水)의 자연을 즐기고 좋아함.

세로 열쇠

1. 세 가지의 것이 하나의 목적을 위하여 통합되는 일.
2. 동화를 쓴 책.
3. 방으로 드나드는 문.
4. 가난한 생활을 하면서도 편안한 마음으로 도를 즐겨 지킴.
5. 달, 태양 따위의 인력에 의하여 주기적으로 높아졌다 낮아졌다 하는 바닷물.

體 몸 체
丨 冂 冂 冃 冎 咼 咼 骨 骨 骨 骨 骨 骨 骨 骨 骨 骨 骨 骨 骨 體 體 體 體

5급

順 순할 순
丿 川 川 川 川 川 川 順 順 順 順 順

位 자리 위
丿 亻 亻 亻 什 位 位

4급

房 방 방
丶 亠 户 户 户 房 房 房

否 아닐 부
一 丆 不 不 不 否 否

貧 가난할 빈
丿 八 分 分 分 贫 贫 貧 貧 貧 貧

潮 조수 조, 밀물 조
丶 氵 氵 氵 汁 汁 沽 沽 沽 淖 淖 潮 潮 潮 潮

冊 책 책
丨 冂 冂 冊 冊

尺 (3급) 자 척
㇆ コ 尸 尺

보기

낙원, 동화책, 방문, 삼위일체, 삼척동자, 순위, 신체, 안부, 안빈낙도, 요산요수, 조수, 책방

낙원 : 아무런 괴로움이나 고통이 없이 안락하게 살 수 있는 즐거운 곳.
삼위일체 : 세 가지의 것이 하나의 목적을 위하여 통합되는 일.
안부 : 어떤 사람이 편안하게 잘 지내고 있는지 그렇지 아니한지에 대한 소식.
안빈낙도 : 가난한 생활을 하면서도 편안한 마음으로 도를 즐겨 지킴.
요산요수 : 산수(山水)의 자연을 즐기고 좋아함.
조수 : 달, 태양 따위의 인력에 의하여 주기적으로 높아졌다 낮아졌다 하는 바닷물.

35

8급		7급		6급	
四	넉 사 丨 丨 冂 冂 四 四	安	편안할 안 丶 丷 宀 安 安 安	高	높을 고 丶 亠 亠 宀 肖 高 高 高 高 高
三	석 삼 一 二 三	字	글자 자 丶 丷 宀 宀 宁 字	級	등급 급 丿 幺 幺 糸 糸 糸 糽 紉 級 級
室	집 실 丶 丷 宀 宀 宁 空 宏 室 室	不	아닐 불(부) 一 丆 不 不	溫	따뜻할 온 丶 丷 氵 氵 汩 汩 汩 汩 沪 溫 溫 溫
寸	마디 촌 一 寸 寸	動	움직일 동 丿 亠 亠 亍 盲 盲 盲 重 重 動 動	席	자리 석 丶 亠 广 广 庐 庐 庐 序 席 席
				樂	노래 악, 즐길 락(낙), 좋아할 요 丿 亻 白 白 白 泊 幼 绅 继 绝 绝 幽 樂 樂 樂

정답은 122쪽에 있습니다.

 가로 열쇠

❶ 흔들리어 움직임. 또는 흔들어 움직임.
(예 감정의 ○○이 심하다.)

❷ 손님을 거처하게 하거나 접대할 수 있도록 정해 놓은 방.

❸ 앉아도 자리가 편안하지 않다는 뜻으로, 마음이 불안하거나 걱정스러워서 한군데에 가만히 앉아 있지 못하고 안절부절못하는 모양을 이르는 말.

❹ 아버지의 친형제자매의 아들이나 딸과의 촌수.

❺ 높은 온도.

❻ 좋고 나쁨 따위의 차이를 여러 층으로 구분한 단계.(예 ○○을 셋으로 구분하다.)

 세로 열쇠

❶ 오락에 필요한 시설이 되어 있는 방. 또는 오락을 하는 방.

❷ 흔들어도 꼼짝하지 아니함.

❸ 극장 따위에서 손님이 앉는 자리.

❹ 한국을 비롯하여 아시아의 동부, 북부에서 나타나는 겨울 기온의 변화 현상. 7일을 주기로 사흘 동안 춥고 나흘 동안 따뜻하다.

❺ 물건이나 시설 따위의 품질이 뛰어나고 값이 비쌈.

5급	
客	손객 `宀宀宀宀宷客客`
寒	찰 한 `宀宀宀宀宀宀宲 宲宲寒寒寒`

3급	
娛	즐길 오 `乚乚乚 乚乚乚乚娛娛娛娛娛`
搖	흔들 요 `一𡨄𡨄𡨄𡨄𡨄𡨄𡨄 𡨄𡨄𡨄搖搖`

坐 앉을 좌 `人人人人人人坐坐`

之 갈 지 `丶丶二之`

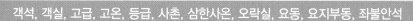
객석, 객실, 고급, 고온, 등급, 사촌, 삼한사온, 오락실, 요동, 요지부동, 좌불안석

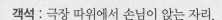 **보기**

객석 : 극장 따위에서 손님이 앉는 자리.

객실 : 손님을 거처하게 하거나 접대할 수 있도록 정해 놓은 방.

삼한사온 : 한국을 비롯하여 아시아의 동부, 북부에서 나타나는 겨울 기온의 변화 현상. 7일을 주기로 사흘 동안 춥고 나흘 동안 따뜻하다.

요동 : 흔들리어 움직임. 또는 흔들어 움직임.

요지부동 : 흔들어도 꼼짝하지 아니함.

좌불안석 : 앉아도 자리가 편안하지 않다는 뜻으로, 마음이 불안하거나 걱정스러워서 한군데에 가만히 앉아 있지 못하고 안절부절못하는 모양을 이르는 말.

36

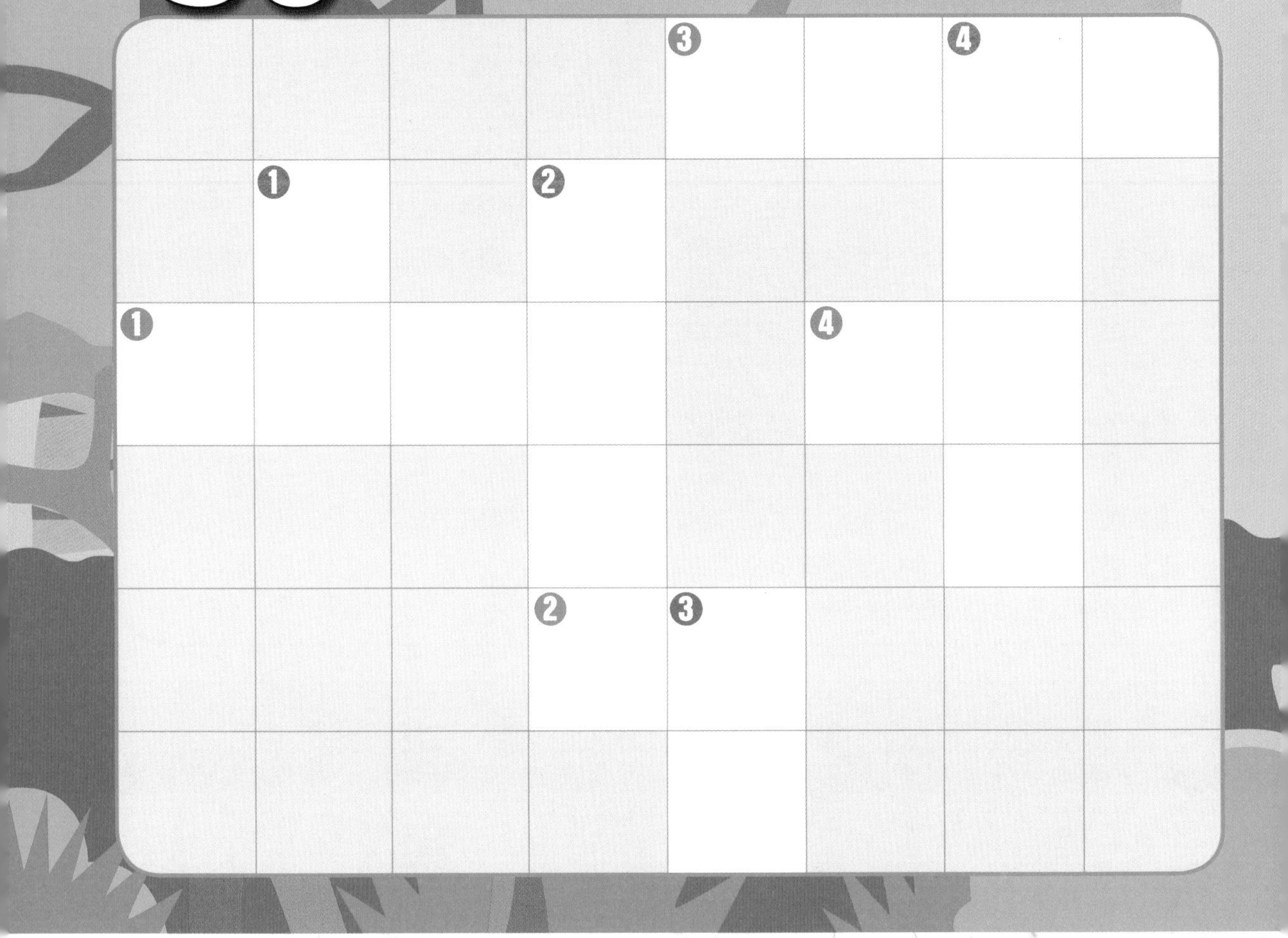

8급

- 山 메 산
- 水 물 수
- 一 한 일
- 青 푸를 청

7급

- 面 낯 면
- 場 마당 장
- 春 봄 춘

6급

- 始 처음 시
- 戰 싸움 전
- 苦 쓸 고

5급

- 無 없을 무
- 終 마칠 종

정답은 122쪽에 있습니다.

 가로 열쇠

① '산에서도 싸우고 물에서도 싸웠다'는 뜻으로, 세상의 온갖 고생과 어려움을 다 겪었음을 이르는 말.

② 어떤 장소에서 물러남.

③ 일 따위를 처음부터 끝까지 한결같이 함.(예 그는 ○○○○ 여유를 보였다.)

④ 10대 후반에서 20대에 걸치는 인생의 젊은 나이.

 세로 열쇠

① 몹시 힘들고 어렵게 싸움, 또는 그 싸움.(예 ○○을 면치 못하다.)

② 세속 오계(신라 화랑의 다섯 가지 계율)의 하나. 전쟁에 나아가서 물러서지 않음을 이른다.

③ 어떤 장소에서 겉으로 드러난 면이나 벌어진 광경.

④ 한바탕의 봄꿈이라는 뜻으로, 헛된 영화나 덧없는 일을 비유적으로 이르는 말.

4급	3급	
退 물러날 퇴 ㄱ ㄱ ㅋ ㅌ ㅌ ㅌ ㅌ ㅌ ㅌ ㅌ ㅌ	貫 꿸 관 ㄴ ㅁ ㅁ ㅁ ㅁ ㅁ ㅁ ㅁ ㅁ	臨 임할 림(임) 一 丨 丬 丬 丮 丮 臨 臨 臨 臨 臨 臨 臨 臨 臨 臨 臨 臨
		夢 꿈 몽 夢 夢 夢 夢 夢 夢 夢 夢 夢 夢

보기

고전, 산전수전, 시종일관, 일장춘몽, 임전무퇴, 장면, 청춘, 퇴장

고전 : 몹시 힘들고 어렵게 싸움, 또는 그 싸움.

산전수전 : 산에서도 싸우고 물에서도 싸웠다는 뜻으로, 세상의 온갖 고생과 어려움을 다 겪었음을 이르는 말.

시종일관 : 일 따위를 처음부터 끝까지 한결같이 함.

일장춘몽 : 한바탕의 봄꿈이라는 뜻으로, 헛된 영화나 덧없는 일을 비유적으로 이르는 말.

임전무퇴 : 세속 오계의 하나. 전쟁에 나아가서 물러서지 않음을 이른다.

37

	❶				❶❷	
❷		❸		❸❹		
		❹				
	❺					
	❻	❻			❺	
		❼				

8급		
國	나라 국	丨冂冂 囘囘囘國國國國
門	문 문	丨冂冂冂冃門門門

7급		
家	집 가	宀宀宀宀宗家家家
不	아닐 불(부)	一丆不不

出	날 출	丨屮中出出
世	세상 세, 대 세	一十卅世世
算	셈 산	𥫗𥫗𥫗𥫗𥫗𥫗 𥫗𥫗筲算算算

6급		
計	셀 계	二二二言言言計

界	지경 계	丨冂 冂田田界界界
合	합할 합	丿人人合合合
集	모일 집	丿亻亻亻 亻亻佳佳隹隹集集
油	기름 유	丶丶氵氵汩汩油油
戰	싸움 전	丷吅吅吅吅單單 單單戰戰戰

정답은 122쪽에 있습니다.

 가로 열쇠

❶ 승부를 결정짓는 싸움.(예 ○○의 날이 다가오다.)

❷ 집에만 있고 바깥출입을 아니함.

❸ 인간의 생활에 필요한 재화나 용역을 생산·분배·소비하는 모든 활동.

❹ 자국의 영토나 영해에서 원유를 생산하는 나라.

❺ 지구상의 모든 나라. 또는 인류 사회 전체.

❻ 사람들이 한 곳으로 모임.

❼ 수를 헤아림. (예 ○○을 잘못해 금액이 틀렸다.)

 세로 열쇠

❶ 가족 또는 가까운 일가로 이루어진 공동체.(예 ○○의 영광.)

❷ 증권 또는 대금을 주고받아 당사자 사이의 사고파는 관계를 끝맺는 일.(예 카드 ○○)

❸ 아이를 낳음. ≒해산(解産)

❹ 나라를 잘 다스려 세상을 구제함.

❺ 빈틈없이 빽빽하게 모임.

❻ 한데 합하여 계산함.

5급		4급	
	결단할 결 ` ` ` 氵 沪 沪 決		지날 경, 글 경 ` 纟 纟 纟 糸 糸 紅 紅 經 經 經 經 經 經
産	낳을 산 ` 亠 亠 立 产 产 产 彦 産 産		건널 제 ` ` ` 氵 氵 沪 泸 泸 浐 浐 淬 淬 淬 濟 濟 濟 濟

 백빽할 밀 ` ` 宀 宀 宀 宊 宓 宓 宓 宓 密 密

 (2급) 막을 두 一 十 才 木 木 朴 杜

 보기

가문, 결전, 결제, 경국제세, 경제, 계산, 두문불출, 밀집, 산유국, 세계, 집합, 출산, 합계

경국제세 : 나라를 잘 다스려 세상을 구제함.

두문불출 : 집에만 있고 바깥출입을 아니함.

산유국 : 자국의 영토나 영해에서 원유를 생산하는 나라.

가문 : 가족 또는 가까운 일가로 이루어진 공동체.

결전 : 승부를 결정짓는 싸움.

경제 : 인간의 생활에 필요한 재화나 용역을 생산·분배·소비하는 모든 활동. 또는 그것을 통하여 이루어지는 사회적 관계.

집합 : 사람들이 한 곳으로 모임.

38

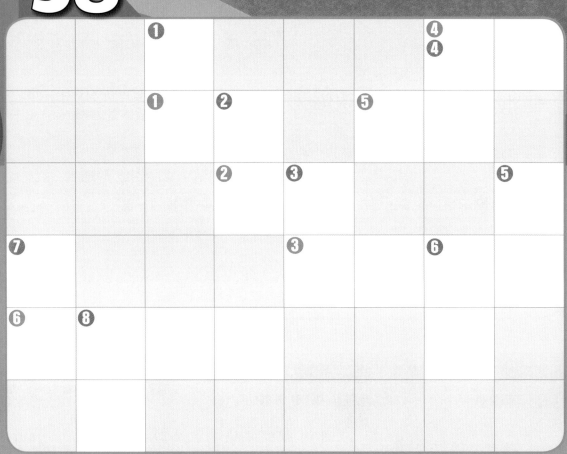

8급

外 바깥 외
丿 ㄅ 夕 夘 外 外

7급

動 움직일 동
一 ㄱ 千 盲
盲 盲 重 重 動 動

立 설 립(입)
丶 ㅗ 立 立 立

名 이름 명
丿 ㄅ 夕 夕 名 名

不 아닐 불(부)
一 ㄱ 才 不

花 꽃 화
一 ㅗ ㅗ ㅛ 花 花 花 花

6급

開 열 개
１ Ｐ Ｐ Ｐ
Ｐ 門 門 門 門 閂 閂 開 開

業 일 업
丶 丷 ⺍ ⺍ 业
业 业 業 業 業 業 業

合 합할 합
丿 人 人 合 合 合

和 화할 화
一 ㄅ 千 禾 禾 和 和 和

5급

吉 길할 길
一 十 士 吉 吉 吉

勞 일할 로(노)
丶 丶 丷 丷 火 火 ㅆ
炊 炊 ㅆ ㅆ 勞 勞

無 없을 무
丿 ㅑ ㅑ ㅑ 无
无 無 無 無 無 無 無

傳 전할 전
丿 亻 亻 亻 俥 俥 俥
俥 俥 俥 俥 傳 傳

정답은 122쪽에 있습니다.

🔓 가로 열쇠

❶ 바로 관계가 없는 남의 일에 부당하게 끼어듦.

❷ 직장 밖에 나가서 근무함. 또는 그런 근무.

❸ 노동 조건의 개선(改善)과 노동자의 사회적·경제적인 지위 향상을 목적으로 노동자가 조직한 단체.

❹ 영업을 처음 시작함.

❺ 매실나무의 꽃. ≒ 매화꽃

❻ 명성이나 명예가 헛되이 퍼진 것이 아니라는 뜻으로, 이름날 만한 까닭이 있음을 이르는 말.

🔓 세로 열쇠

❶ 얼마 안 되게, 또는 얼마쯤.(예 돈이 ○○ 필요하다. / 몸을 ○○ 움직이다.)

❷ 연락을 취하여 의논함.(예 출연자를 ○○하다.)

❸ 부지런히 일함.(예 5월 1일은 ○○자의 날이다.)

❹ 나무의 꽃이 핌.

❺ 화목하게 어울림.

❻ 여러 부품을 하나의 구조물로 짜 맞춤.

❼ 이름이 널리 알려져 있지 않음.

❽ 운수가 좋지 않음. 또는 일이 흔히 있을 만하지 않음.

4급		
	방패 간, 범할 간	一 二 干
勤	부지런할 근	一 十 艹 艹 艹 艹 莒 莒 莒 莒 堇 堇 勤 勤

組	짤 조	幺 糸 糸 紅 糸 組 組 組
虛	빌 허	丿 广 广 卢 卢 虍 虍 虍 虗 虛 虛 虛

3급		
梅	매화 매	一 十 才 木 木 杧 栂 梅 梅 梅 梅
涉	건널 섭	丶 氵 氵 沙 汫 涉 涉 涉 涉
若	같을 약, 반야 야	一 十 艹 艹 芒 芏 若 若 若

보기

간섭, 개업, 개화, 근로, 노동조합, 매화, 명불허전, 무명, 불길, 섭외, 약간, 외근, 조립, 화합

노동조합 : 노동 조건의 개선(改善)과 노동자의 사회적·경제적인 지위 향상을 목적으로 노동자가 조직한 단체.

명불허전 : 명성이나 명예가 헛되이 퍼진 것이 아니라는 뜻으로, 이름날 만한 까닭이 있음을 이르는 말.

간섭 : 바로 관계가 없는 남의 일에 부당하게 끼어듦.

개업 : 영업을 처음 시작함.

근로 : 부지런히 일함.

불길 : 운수가 좋지 않음.

섭외 : 연락을 취하여 의논함.

무명 : 이름이 널리 알려져 있지 않음.

39

7급

文 글월 문
` 、 二 ナ 文`

不 아닐 불(부)
` 一 フ オ 不`

上 윗 상
` l ト 上`

正 바를 정
` 一 T 下 正 正`

下 아래 하
` 一 T 下`

6급

堂 집 당
` 、 丶 丷 芯 芯 芯 堂 堂 堂 堂`

明 밝을 명
` l n n 日 日 明 明 明`

5급

可 옳을 가
` 一 一 一 一 可`

無 없을 무
` 丿 亻 亇 亇 血 無 無 無 無 無 無`

許 허락할 허
` 、 丶 二 三 三 言 言 言 計 計 許`

化 될 화
` 丿 亻 仁 化`

4급

燈 등 등
` 、 丷 丷 灯 灯 灯 燈 燈 燈 燈 燈 燈 燈`

정답은 122쪽에 있습니다.

 가로 열쇠

① 달리 어찌할 수 없음. (◉ 아무리 말려도 ○○○○로 덤벼든다.)

② 등잔 밑이 어둡다는 뜻으로, 가까이에 있는 물건이나 사람을 잘 찾지 못함을 이르는 말.

③ 광선으로 밝게 비춤. (◉ 거실 ○○이 밝다.)

④ 글자나 글 따위의 잘못을 고쳐서 바로잡음.

 **세로 열쇠**

① 행동이나 일을 하도록 허용함. (◉ 집을 지을 수 있도록 건축 ○○를 받았다.)

② 더 낮고 더 못함의 차이가 거의 없음. (◉ 일 등과 이 등의 실력이 ○○○○이다.)

③ 어떤 일에 썩 좋은 자리. 또는 풍수지리에서, 후손에게 장차 좋은 일이 많이 생기게 된다는 묏자리나 집터.

④ 문서로써 명백히 함.

⑤ 태도나 수단이 정당하고 떳떳함.

3급

奈　어찌 내
一ナ大太查李奈奈

莫　없을 막
艹艹芦苜苜草莫莫

訂　바로잡을 정
宀亠言言言訂

照　비칠 조
⺆⺆日日日刀昭昭
昭昭昭照照

 보기

등하불명, 막무가내, 막상막하, 명당, 명문화, 정정, 정정당당, 조명, 허가

등하불명 : 등잔 밑이 어둡다는 뜻으로, 가까이에 있는 물건이나 사람을 잘 찾지 못함을 이르는 말.

막무가내 : 달리 어찌할 수 없음.

막상막하 : 더 낮고 더 못함의 차이가 거의 없음.

명문화 : 문서로써 명백히 함.

정정당당 : 태도나 수단이 정당하고 떳떳함.

허가 : 행동이나 일을 하도록 허용함.

40

가로 열쇠

❶ 내 코가 석 자라는 뜻으로, 자기 사정이 급하여 남을 돌볼 겨를이 없음을 이르는 말.

❷ 뼈와 뼈가 서로 맞닿아 연결되어 있는 곳.

❸ 코안 점막에 생기는 염증을 통틀어 이르는 말.

❹ 전생에 지은 선악에 따라 현재의 행과 불행이 있고, 현세의 선악의 결과에 따라 내세에서 행과 불행이 있는 일.

세로 열쇠

❶ 낚시에서, 낚은 물고기가 한 자가 넘음.

❷ 세 남녀 사이의 연애 관계. (예 그녀는 남자 친구의 가장 절친한 친구를 좋아하게 되면서 ○○○○에 빠졌다.)

❸ 고름 병원균 때문에 일어나는 가운데귀의 염증.

❹ 어떤 사물이나 상태를 변화시키거나 일으키게 하는 근본이 된 일이나 사건.

❺ 빨리 알림, 또는 그런 보도.

報	갚을 보, 알릴 보 一 十 土 圥 产 查 查 幸 幸 靪 報 報	**3급**		越	넘을 월 一 十 土 丰 丰 走 走 走 走 越 越 越
應	응할 응　　 、 亠 广 广 广 庐 庐 庐 庐 庐 庐 雁 雁 應 應 應	炎	불꽃 염 、 、 、 少 火 火 火 炏 炎	尺	자 척 フ コ 尸 尺
		吾	나 오 一 丆 五 五 吞 吾 吾		

보기

관절, 비염, 삼각관계, 속보, 오비삼척, 원인, 월척, 인과응보, 중이염

삼각관계 : 세 남녀 사이의 연애 관계.

오비삼척 : 내 코가 석 자라는 뜻으로, 자기 사정이 급하여 남을 돌볼 겨를이 없음을 이르는 말.

인과응보 : 전생에 지은 선악에 따라 현재의 행과 불행이 있고, 현세의 선악의 결과에 따라 내세에서 행과 불행이 있는 일.

중이염 : 고름 병원균 때문에 일어나는 가운데귀의 염증.

속보 : 빨리 알림. 또는 그런 보도.

		8급			

民 백성 민
｀ ｀ ｱ 尸 臣 民

火 불 화
丶 ﹑ ⺌ 火

7급

家 집 가
宀 宀 宀 宁 宇 宇 宇 家 家

6급

成 이룰 성
丿 厂 厂 厅 成 成 成

身 몸 신
丿 ｢ ｢ 币 自 身 身

失 잃을 실
丿 ﹑ 二 失 失

作 지을 작
丿 亻 亻 亻 亻 作 作

5급

健 굳셀 건
丿 亻 亻 亻 亻 亻 亻 亻
律 律 健 健

亡 망할 망
丶 亠 亡

敗 패할 패   丨 冂 月 月
目 貝 貝 貝 貝 敗 敗

害 해할 해   ﹑ ﹑
宀 宀 宀 宀 宝 宝 害 害

4급

康 편안 강   丶 二 广
广 广 庐 庐 庐 庐 康 康

故 옛 고
一 十 古 古 古 甘 甘 故 故

殺 죽일 살   丿 乂 二 辛
辛 辛 辛 殺 殺 殺 殺

정답은 123쪽에 있습니다.

 가로 열쇠

❶ 일을 잘못하여 뜻한 대로 되지 아니하거나 그르침.

❷ 자기가 태어나서 자란 곳.

❸ 사람을 해치어 죽임.

❹ 집안의 재산을 다 써 없애고 몸을 망침.

❺ 몹시 귀찮게 구는 일.(예 ○○를 부리다. / ○○에 시달리다.)

❻ 경험한 일을 전혀 기억하지 못하거나 어느 시기 동안의 일을 전혀 기억하지 못하거나 또는 드문드문 기억하기도 하는 기억 장애.

 세로 열쇠

❶ 고향을 잃고 타향에서 지내는 백성.

❷ 문학 작품, 사진, 그림, 조각 따위의 예술품을 창작하는 사람.

❸ 자기의 몸을 희생하여 인(仁)을 이룸.

❹ 곪아서 고름이 생긴 상처나 종기 따위에서 병원균이나 독소가 계속 혈관으로 들어가 순환하여 심한 중독 증상이나 급성 염증을 일으키는 병.

❺ 정신적으로나 육체적으로 아무 탈이 없고 튼튼함. 또는 그런 상태.

 어질 인
ノ イ イ 仁

 시골 향
ㄥ ㄥ ㅌ ㅌ ㅌ 鄕 鄕 鄕 鄕 鄕 鄕 鄕 鄕

 피 혈
ノ ´ 竹 竹 血 血

忘 (3급) 잊을 망
丶 ㅗ ㅗ ㅗ 忘 忘 忘

 (3급) 증세 증
丶 ㅗ 广 广 广 疒 疔 疔 疔 症 症

 보기

건강, 건망증, 고향, 살신성인, 살해, 성화, 실패, 실향민, 작가, 패가망신, 패혈증

살신성인 : 자기의 몸을 희생하여 인(仁)을 이룸.

패가망신 : 집안의 재산을 다 써 없애고 몸을 망침.

건강 : 정신적으로나 육체적으로 아무 탈이 없고 튼튼함. 또는 그런 상태.

건망증 : 경험한 일을 전혀 기억하지 못하거나 어느 시기 동안의 일을 전혀 기억하지 못하거나 또는 드문드문 기억하기도 하는 기억 장애.

실향민 : 고향을 잃고 타향에서 지내는 백성.

작가 : 문학 작품, 사진, 그림, 조각 따위의 예술품을 창작하는 사람.

패혈증 : 곪아서 고름이 생긴 상처나 종기 따위에서 병원균이나 독소가 계속 혈관으로 들어가 순환하여 심한 중독 증상이나 급성 염증을 일으키는 병.

한자퍼즐 **87**

42

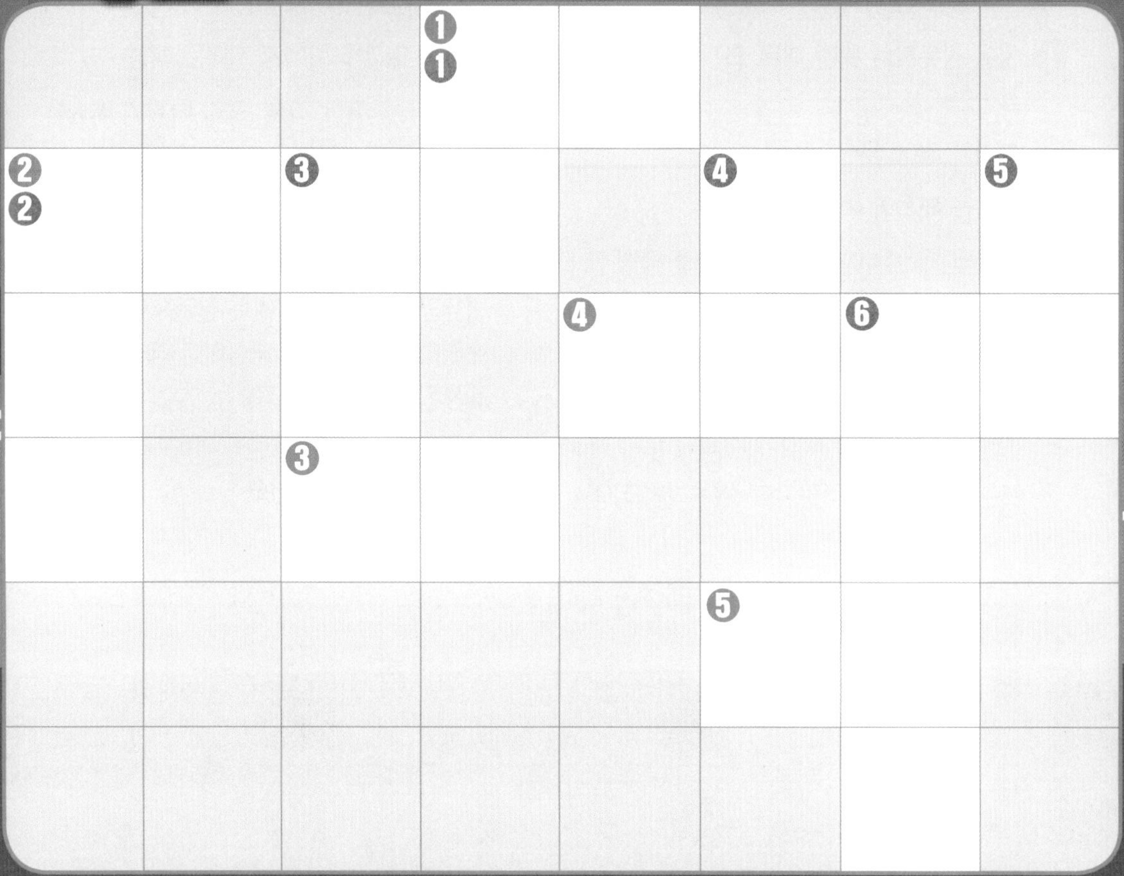

The crossword grid contains numbered cells: ❶ (across and down), ❷ (across and down), ❸ (across and down), ❹ (across and down), ❺ (across and down), ❻ (down).

8급		
母	어머니 모	ㄴ ㄢ ㄿ 母 母
白	흰 백	ノ ノ 白 白 白
父	아버지 부	ノ ハ グ 父

7급		
來	올 래(내)	一 ㄱ ㄱ ㄲ ㄱ 來 來 來
物	물건 물	ノ ノ ㅑ ㅕ 牛 牜 物 物 物
手	손 수	一 二 三 手
子	아들 자	ㄱ 了 子
場	마당 장	一 ㅓ ㅓ � 坦 坦 坦 埸 場 場 場

6급		
失	잃을 실	ノ ㄴ 二 失 失

5급		
價	값 가	ノ ㅓ ㅓ ㅓ 俨 俨 價 價 價 價 價 價 價 價 價
魚	물고기 어	ノ ㄣ ㄣ ㄅ ㄅ 甪 甶 角 魚 魚 魚 魚 魚
傳	전할 전	ノ ㄣ ㄧ ㄫ ㄫ 佪 侢 俥 俥 俥 俥 傳 傳

가로 열쇠

① 예로부터 전하여 내려옴.

② 돈 한 푼 없이 빈둥거리며 놀고먹는 건달. ≒백수(白手)

③ 물건의 값.(예 ○○가 오르다. / ○○가 싸다.)

④ 어려서 부모를 여읨.

⑤ 행실이 점잖고 어질며 덕과 학식이 높은 사람.

 세로 열쇠

① 지시, 명령, 물품 따위를 다른 사람이나 기관에 전하여 이르게 함.

② 강가나 바닷가의 흰모래가 깔려 있는 곳. ≒백모래밭

③ 생선, 조개류 따위를 말린 식품.

④ 자기도 모르는 사이에 물건 따위를 잃어버림.

⑤ 아내의 어머니를 이르는 말.

⑥ 아들의 성격이나 생활 습관 따위가 아버지로부터 대물림된 것처럼 같거나 비슷함.

4급
君 임금 군   フ ユ ヲ ヲ 尹 尹 君 君
達 통달할 달, 이를 달   一 十 土 圡 尚 坴 坴 奎 奎   奎 奎 達 達

早 이를 조
丨 冂 日 日 므 무

3급
乾 하늘 건, 마를 건   一 十 十 古 古 古 直   卓 乾 乾 乾

紛 어지러울 분
幺 幺 幺 幺 糸 糸 紂 紛 紛

沙 모래 사
丶 冫 氵 沪 沪 沙 沙

丈 어른 장
一 ナ 丈

 보기

건어물, 군자, 물가, 백사장, 백수건달, 부전자전, 분실, 장모, 전달, 전래, 조실부모

백수건달 : 돈 한 푼 없이 빈둥거리며 놀고먹는 건달. ≒백수

부전자전 : 아들의 성격이나 생활 습관 따위가 아버지로부터 대물림된 것처럼 같거나 비슷함.

조실부모 : 어려서 부모를 여읨.

건어물 : 생선, 조개류 따위를 말린 식품. ≒건어(乾魚)

군자 : 행실이 점잖고 어질며 덕과 학식이 높은 사람.

43

	8급	
五	다섯 오	一丁五五
外	바깥 외	ノクタ外外
中	가운데 중	丶口口中

7급

動	움직일 동	一二千千千千千重重動動
里	마을 리(이)	丶口日日旦里里

力	힘 력(역)	フカ

6급

感	느낄 감	ノ厂厂戶戶戶咸咸咸咸感感感
科	과목 과	千千禾禾禾科科
言	말씀 언	丶二二千言言言
油	기름 유	丶丶氵氵汀汩油油

注	부을 주	丶丶氵氵汀汗注注

5급

舉	들 거	與與與與舉舉舉
輕	가벼울 경	一丆百百亘車車軒軒輕輕輕輕輕

4급

想	생각할 상	一十才才相相相相相相想想想想

정답은 123쪽에 있습니다.

 가로 열쇠

❶ 시각, 청각, 후각, 미각, 촉각의 다섯 가지 감각.

❷ 마음속에서 일어나는 느낌이나 생각.(예 독서 ○○문)

❸ 경솔하여 생각 없이 망령되게 행동함. 또는 그런 행동.

❹ 자동차 따위에 기름을 넣음.

❺ 몸 외부의 상처나 내장 기관의 질병을 수술이나 그와 비슷한 방법으로 치료하는 의학 분야.

 세로 열쇠

❶ 짙은 안개 속에 있다는 뜻으로, 무슨 일에 대하여 방향이나 갈피를 잡을 수 없음을 이르는 말.

❷ 지난 일을 돌이켜 생각함. 또는 그런 생각.

❸ 크게 느껴 마음이 움직임.

❹ 원유를 증류할 때, 등유 다음으로 250~350℃ 사이에서 얻는 기름. 내연 기관의 연료로 쓰인다.

❺ 이치나 사리에 맞지 아니하고 망령되게 말함. 또는 그 말.

❻ 어떤 일에 온 힘을 기울임.

❼ 외국과의 거래를 결제할 때 쓰는 환어음. 발행지와 지급지가 서로 다른 나라일 때 쓴다.
(예 ○○ 시장에서 ○○이 거래되고 ○○ 시세가 이루어진다.)

 回 돌아올 회
丨 冂 冂 冋 回 回

3급

 妄 망령될 망
丶 亠 亠 亡 亡 妄 妄

 霧 안개 무
一 一 一
雨 雨 雨 雨 雫 雫 雫 雫
雫 雫 雾 雾 雾 霧 霧 霧

 換 바꿀 환
一 扌 扌 扌 扩 扩 护
护 抻 抻 换 换

보기 감동, 감상, 경거망동, 경유, 망언, 오감, 오리무중, 외과, 외환, 주력, 주유, 회상

경거망동 : 경솔하여 생각 없이 망령되게 행동함. 또는 그런 행동.

오리무중 : 오 리나 되는 짙은 안개 속에 있다는 뜻으로, 무슨 일에 대하여 방향이나 갈피를 잡을 수 없음을 이르는 말.

감상 : 마음속에서 일어나는 느낌이나 생각.

경유 : 원유를 증류할 때, 등유 다음으로 250~350℃ 사이에서 얻는 기름. 내연 기관의 연료로 쓰인다.

오감 : 시각, 청각, 후각, 미각, 촉각의 다섯 가지 감각

주유 : 자동차 따위에 기름을 넣음.

가로 열쇠

① 일이 뜻대로 잘될 때, 우쭐하여 뽐내는 기세가 대단함.

② 사람의 힘을 더하지 않은 그대로를 중시하는 중국의 학문이자 종교. 노장 철학을 받아들이고 여기에 음양오행설과 신선 사상을 더해 늙지 않고 오래 사는 것을 추구했다.≒도교(道敎)

③ 통하여 다니는 길.

④ '입은 있어도 말은 없다'는 뜻으로, 변명할 말이 없거나 변명을 못함을 이르는 말.

세로 열쇠

① 거침없이 넓고 큰 기개.

② 천 가지 매운 것과 만 가지 쓴 것이라는 뜻으로, 온갖 어려운 고비를 다 겪으며 심하게 고생함을 이르는 말.

③ 공업을 체계적으로 연구하는 학문. 전기, 전자, 항공, 토목, 컴퓨터 따위의 여러 분야가 있다.

④ 사람, 차 따위가 잘 다닐 수 있도록 만들어 놓은 비교적 넓은 길.

⑤ 공기가 통하도록 낸 구멍.

風	바람 풍	ノ 几 几 凡 凨 凨 風 風 風 風

3급

辛	매울 신	丶 一 ㄿ ㄿ 立 立 辛

浩	넓을 호	丶 丶 氵 氵 沪 泹 浩 浩 浩 浩

5급

無	없을 무	ノ 一 一 二 午 午 缹 缹 無 無 無 無

之	갈 지, ~의 지	丶 一 ㇆ 之

丈	어른 장	一 ナ 丈

보기

공학, 기고만장, 도로, 도학, 유구무언, 천신만고, 통로, 통풍구, 호연지기

기고만장 : 펄펄 뛸 만큼 대단히 성이 남. 또는 일이 뜻대로 잘될 때, 우쭐하여 뽐내는 기세가 대단함.

유구무언 : 입은 있어도 말은 없다는 뜻으로, 변명할 말이 없거나 변명을 못함을 이르는 말.

천신만고 : 천 가지 매운 것과 만 가지 쓴 것이라는 뜻으로, 온갖 어려운 고비를 다 겪으며 심하게 고생함을 이르는 말.

도학 : 사람의 힘을 더하지 않은 그대로를 중시하는 중국의 학문이자 종교. 노장 철학을 받아들이고 여기에 음양오행설과 신선 사상을 더해 늙지 않고 오래 사는 것을 추구했다.≒도교(道敎)

호연지기 : 거침없이 넓고 큰 기개.

45

8급

校 학교 교　一 十 才
木 朴 栌 栌 栌 校 校

室 집 실
丶 宀 宀 宀 宏 室 室 室

學 배울 학
丶 丷 冖 冖 冖 冎 冎 由 由
由 由 舁 學 學 學

7급

道 길 도, 도리 도
丶 丷 丷 丷 产 产 首 首 首
首 首 道 道 道

下 아래 하
一 丅 下

6급

高 높을 고　　一 亠
亠 古 吉 高 高 高 高 高

等 무리 등　丿 卜 卜 丿
竹 竹 竹 竿 笁 竿 竿 等 等

路 길 로(노)
丶 口 口 口 罒 甲 呈 趵 趵
趵 趵 路 路 路

速 빠를 속　　一 一 宀
冂 申 束 束 凍 涑 涑 速

音 소리 음
丶 一 广 立 产 音 音 音 音

戰 싸움 전
丶 丷 冖 冖 冖 冎 冎 骂 骂
骂 單 單 戰 戰 戰

5급

決 결단할 결
丶 丷 氵 氵 江 沪 決 決

寒 찰 한
丶 丷 宀 宀 宀 宇 宇 宇
宏 宏 寒 寒 寒

가로 열쇠

❶ 사람의 귀에 소리로 들리는 한계 주파수 이상이어서 들을 수 없는 음파.

❷ 싸움을 오래 끌지 아니하고 빨리 몰아쳐 이기고 짐을 결정함. 또는 어떤 일을 빨리 진행하여 빨리 끝냄을 비유적으로 이르는 말.

❸ 나이의 많음과 적음. 또는 신분이나 지위의 높음과 낮음.(예 지위 ○○를 막론하고 처벌하다.)

❹ 수준이 정도 이상으로 뛰어나게.

❺ 유치원, 초등학교, 중·고등학교에서 학습 활동이 이루어지는 방.

 세로 열쇠

❶ 겨울철에 기온이 갑자기 내려가는 현상.

❷ 소리의 속도보다 빠른 속도.

❸ 차의 빠른 통행을 위하여 만든 차 전용의 도로.

❹ 중학교를 졸업한 사람에게 고등 보통 교육과 실업 교육을 실시하는 학교.

4급	
波	물결 파
	`丶丶氵氵沪沪波波`

 (3급) 넘을 월
`一十土キキキ走走`
`走越越越`

 (3급) 뛰어넘을 초
`一十土キキ丰走起`
`起起超超`

 보기

고등학교, 고속도로, 고하, 교실, 속전속결, 월등, 초음속, 초음파, 한파

속전속결 : 싸움을 오래 끌지 아니하고 빨리 몰아쳐 이기고 짐을 결정함. 또는 어떤 일을 빨리 진행하여 빨리 끝냄을 비유적으로 이르는 말.

고등학교 : 중학교를 졸업한 사람에게 고등 보통 교육과 실업 교육을 실시하는 학교. 인문계와 실업계의 두 종류가 있고 수업 연한은 3년이다.

고속도로 : 차의 빠른 통행을 위하여 만든 차 전용의 도로.

고하 : 나이의 많음과 적음. 또는 신분이나 지위의 높음과 낮음.

교실 : 유치원, 초등학교, 중·고등학교에서 학습 활동이 이루어지는 방.

월등 : 수준이 정도 이상으로 뛰어나게.

초음속 : 소리의 속도보다 빠른 속도. 또는 아주 빠른 속도를 비유적으로 이르는 말.

초음파 : 사람의 귀에 소리로 들리는 한계 주파수 이상이어서 들을 수 없는 음파.

46

	8급	
弟	아우 제	﹅ ﹅ ﹅ 己 弟 弟
兄	형 형	﹅ 口 口 尸 兄

	7급	
家	집 가	宀 宀 宁 宇 家 家 家 家
口	입 구	丨 冂 口
同	한가지 동	丨 冂 冂 同 同 同

名	이름 명	﹅ 夕 夕 夕 名 名
安	편안할 안	﹅ ﹅ 宀 宍 安 安
子	아들 자	了 了 子

	6급	
定	정할 정	﹅ ﹅ 宀 宁 宇 字 定 定

	5급	
無	없을 무	﹅ ﹅ ﹅ 仁 仁 血 血 無 無 無 無 無

首	머리 수	﹅ ﹅ 丷 丷 首 首 首 首 首

	4급	
難	어려울 난	一 卄 卄 卄 昔 苦 昔 堇 堇 菫 菫 鄞 鄞 難 難 難 難 難
防	막을 방	﹅ 阝 阝 阝 阽 防 防
異	다를 이	丨 口 曰 田 田 田 甲 異 異 異 異
衆	무리 중	﹅ ﹅ 冇 血 血 血 衆 衆 衆 衆 衆

정답은 123쪽에 있습니다.

 가로 열쇠

① 아무 탈 없이 편안함. 또는 편한 사이에서, 서로 만나거나 헤어질 때 정답게 하는 인사말.

② 얼마라든지 혹은 어떻게 하리라고 미리 정한 것이 없음.(예 ○○○으로 집을 나오다.)

③ '많은 사람의 말을 막기가 어렵다'는 뜻으로, 막기 어려울 정도로 여럿이 마구 지껄임을 이르는 말.

④ 세상에 널리 퍼져 평판 높은 이름.(예 ○○이 자자하다.)

⑤ 여러 제자 가운데 배움이 가장 뛰어난 제자.

 세로 열쇠

① 바뀌어 달라지지 않고 일정한 상태를 유지함.

② '입은 다르나 목소리는 같다'는 뜻으로, 여러 사람들의 말이 한결같음을 이르는 말.

③ 적이나 해로운 것 등을 막아 낼 준비가 되어 있지 않음.

④ 명망이 높은 가문. 또는 어떤 전문 분야에서 이름이 난 집.

⑤ 누구를 형이라 하고 누구를 아우라 하기 어렵다는 뜻으로, 두 사물이 비슷하여 낮고 못함을 정하기 어려움을 이르는 말.

備 갖출 비
ノ イ イ 什 伃 供 供
俏 俏 備 備 備

 寧 (3급) 편안할 녕(영)
丶 丶 宀 宁 宁 宵 宵 宵
宵 宵 宵 寍 寍 寧

聲 소리 성
一 十 士
声 韦 吉 声 声 殸 殸 殸
殸 殸 殸 聲 聲 聲

 酉勺 (3급) 술 부을 작, 잔질할 작
一 亠 冂 丙 西 西 酉 酉勺
酉勺 酉勺

 보기

난형난제, 명가, 명성, 무방비, 무작정, 수제자, 안녕, 안정, 이구동성, 중구난방

난형난제 : 누구를 형이라 하고 누구를 아우라 하기 어렵다는 뜻으로, 두 사물이 비슷하여 낮고 못함을 정하기 어려움을 이르는 말.

이구동성 : 입은 다르나 목소리는 같다는 뜻으로, 여러 사람의 말이 한결같음을 이르는 말.

중구난방 : 뭇사람의 말을 막기가 어렵다는 뜻으로, 막기 어려울 정도로 여럿이 마구 지껄임을 이르는 말.

무방비 : 적이나 해로운 것 따위를 막아 낼 준비가 되어 있지 않음.

47

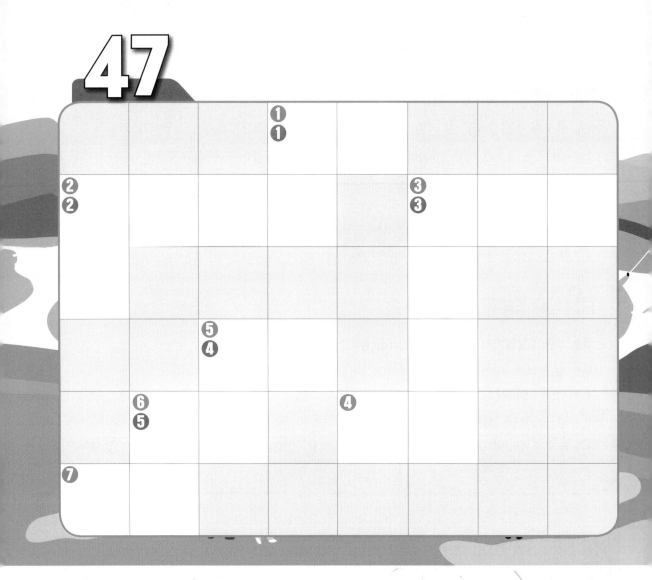

8급	
年	해 년(연) ノ 广 午 年
學	배울 학 ˊ ˏ ˏ ˑ ˏ ˑ ˑ ˑ ˑ ˑ 闲 學 學 學

7급	
間	사이 간 ㅣ 冂 冃 冃 門 門 門 門 門 問 間 間
食	밥 식, 먹을 식 ノ 人 人 今 今 今 食 食 食

6급	
夜	밤 야 ヽ 亠 广 疒 疒 疒 夜 夜
運	옮길 운, 운수 운 一 冂 冃 冃 冃 冒 冒 宣 軍 軍 軍 渾 運
作	지을 작 ノ 亻 亻 仵 仵 作 作
幸	다행 행 一 十 土 吉 吉 吉 幸 幸

5급	
見	볼 견 ㅣ 冂 冃 月 目 目 見
無	없을 무 ノ 亻 亠 午 午 無 無 無 無 無 無 無
福	복 복 一 二 亓 亓 示 示 示 示 福 福 福 福

4급	
爲	할 위 ˊ ˊ ˊ ˊ 户 户 户 爲 爲 爲 爲 爲

정답은 123쪽에 있습니다.

가로 열쇠

❶ 좋은 운수. 또는 행복한 운수.

❷ 재앙과 근심, 걱정이 바뀌어 오히려 복이 됨.

❸ 일부러 꾸미거나 뜻을 더하지 아니함. 또는 통계의 표본 추출에서, 일어날 수 있는 모든 일이 동등한 확률로 발생하게 함.

❹ 끼니를 거름.(예 ○○ 아동 돕기)

❺ 공정하지 못하고 한쪽으로 치우친 생각.

❻ 저녁밥을 먹고 난 한참 뒤 밤중에 먹는 음식. ≒밤참

❼ 한 해 동안.(예 ○○ 수출액)

세로 열쇠

❶ 복된 좋은 운수. 또는 생활에서 충분한 만족과 기쁨을 느끼어 흐뭇함.(예 ○○하게 살자.)

❷ 다니던 학교에서 다른 학교로 학적을 옮겨 가서 배움.

❸ 값을 치를 돈도 없이 남이 파는 음식을 먹음.

❹ 어떤 특정한 음식만을 가려서 즐겨 먹음.

❺ 해가 진 뒤부터 동이 트기 전까지의 동안.

轉 구를 전

取 가질 취

錢 돈 전

缺 이지러질 결

偏 (3급) 치우칠 편

禍 (3급) 재앙 화

보기 결식, 무작위, 무전취식, 야간, 야식, 연간, 전학, 전화위복, 편견, 편식, 행복, 행운

무전취식 : 값을 치를 돈도 없이 남이 파는 음식을 먹음.

전화위복 : 재앙과 근심, 걱정이 바뀌어 오히려 복이 됨.

무작위 : 일부러 꾸미거나 뜻을 더하지 아니함. 또는 통계의 표본 추출에서, 일어날 수 있는 모든 일이 동등한 확률로 발생하게 함.

편견 : 공정하지 못하고 한쪽으로 치우친 생각.

편식 : 어떤 특정한 음식만을 가려서 즐겨 먹음.

행복 : 복된 좋은 운수. 생활에서 충분한 만족과 기쁨을 느끼어 흐뭇함. 또는 그러한 상태.

행운 : 좋은 운수. 또는 행복한 운수.

48

8급

教 가르칠 교
ノ メ ユ 本 孝 孝 孝
者 者 教 教

校 학교 교　一 十 十
木 术 杧 柊 柊 柊 校

金 쇠 금, 성씨 김
ノ 人 入 全 全 全 余 金

月 달 월
ノ 刀 月 月

日 날 일
ㅣ 冂 月 日

中 가운데 중
丶 冂 口 中

青 푸를 청
一 二 主 丰 青 青 青 青

7급

間 사이 간　ㅣ 冂 冂 冂
冃 門 門 門 門 門 閒 間 間

入 들 입
ノ 入

出 날 출
ㅣ 屮 屮 出 出

6급

科 과목 과
千 千 禾 禾 禾 禾 科 科

書 글 서
コ ㄱ ㅋ
⺕ 聿 聿 聿 書 書 書 書

5급

養 기를 양
丶 丷 ⺍ ⺶ 羊 羊 美
美 羔 养 养 養 養 養

友 벗 우
一 ナ 方 友

任 맡길 임, 맞을 임
ノ 亻 仁 仁 任 任

정답은 123쪽에 있습니다.

 가로 열쇠

❶ 옛날식 집의 벽, 기둥, 천장 따위에 여러 가지 빛깔로 그림이나 무늬를 그림, 또는 그 그림이나 무늬.

❷ 거의 중간쯤 되는 상태.(예 태도가 ○○○하다.)

❸ 나날이 다달이 자라거나 발전함.

❹ 같은 학교를 다니는 벗. 또는 같은 학교의 직원과 졸업생, 재학생을 통틀어 이르는 말.

❺ 학교에서 교과 과정에 따라 주된 교재로 사용하기 위하여 편찬한 책.

❻ 양자로 들어감. 또는 양자를 들임.

 세로 열쇠

❶ '쪽에서 뽑아낸 푸른 물감이 쪽보다 더 푸르다'는 뜻으로, 제자나 후배가 스승이나 선배보다 나음을 비유적으로 이르는 말.

❷ 새로운 직무를 수행하기 위하여 맡은 자리에 처음으로 나아감.

❸ 육해공군의 소위 이상의 군인.

❹ 학문, 지식, 사회생활을 바탕으로 이루어지는 품위, 또는 문화에 대한 폭넓은 지식. (예 ○○ 있는 사람. / ○○을 쌓다.)

❺ 책을 갖추어 놓고 팔거나 사는 가게. ≒ 책방(冊房)

❻ 돈을 들여놓거나 넣어 줌.

店	가게 점 丶亠广广庐庐店店
	4급
將	장수 장 丨丬丬丬丬丬丬丬將將將將

就	이룰 취 丶亠亠亠京京京就就就
丹	(3급) 붉을 단 丿刀月丹

於	(3급) 어조사 어 丶亠亠方方方於於於
藍	(2급) 쪽 람(남) 藍藍藍藍藍藍藍藍藍

 보기

교과서, 교양, 교우, 단청, 서점, 어중간, 일취월장, 입금, 입양, 장교, 청출어람, 취임

일취월장 : 나날이 다달이 자라거나 발전함.

청출어람 : 쪽에서 뽑아낸 푸른 물감이 쪽보다 더 푸르다는 뜻으로, 제자나 후배가 스승이나 선배보다 나음을 비유적으로 이르는 말.

단청 : 옛날식 집의 벽, 기둥, 천장 따위에 여러 가지 빛깔로 그림이나 무늬를 그림. 또는 그 그림이나 무늬.

어중간 : 거의 중간쯤 되는 상태.

장교 : 육해공군 소위 이상의 군인.

49

8급	
先	먼저 선 丿 ┕ 生 生 先 先
人	사람 인 丿 人
7급	
同	한가지 동 丨 冂 冂 同 同 同
手	손 수 一 二 三 手

不	아닐 부(불) 一 ㄱ 刁 不
6급	
高	높을 고 一 亠 亠 古 古 高 高 高 高
病	병 병 丶 一 广 广 广 广 疒 疒 病 病 病
音	소리 음 丶 一 十 立 立 产 音 音 音
和	화할 화 丿 二 千 禾 禾 禾 和 和

5급	
價	값 가 丿 亻 亻 仁 仁 俨 俨 俨 俨 價 價 價 價 價 價
商	장사 상 丶 一 广 产 产 产 商 商 商 商
相	서로 상 一 十 才 木 木 相 相 相 相
約	맺을 약 丿 糸 糸 糸 糸 糸 約 約 約

정답은 124쪽에 있습니다.

🔓 가로 열쇠

❶ 서로 마음과 힘을 하나로 합함.

❷ 서로서로 도움.

❸ 협상에 의하여 조약을 맺음. 또는 그 조약.

❹ 높은 소리.

❺ 사고파는 물품.

❻ 전대(前代)의 사람.(예 고전 속 ○○들의 슬기를 엿보다.)

🔓 세로 열쇠

❶ '같은 병을 앓는 사람끼리 서로 가엾게 여긴다' 는 뜻으로, 어려운 처지에 있는 사람끼리 서로 가엾게 여김을 이르는 말.

❷ 사람 얼굴의 생김새.(예 ○○이 좋다. / ○○을 쓰다.)

❸ 둘 이상의 음이 동시에 날 때, 서로 어울리지 아니 하여 불안정한 느낌을 주는 음.≒안어울림음

❹ 값이 비싼 물품.

❺ 남이 하기 전에 앞질러 하는 행동.(예 ○○를 치다.)

品 물건 품 　 丶 丨 口
　口 口 品 品 品 品 品

4급

助 도울 조
丨 冂 冃 冃 且 助 助

協 화합할 협 　 一 十
十 忄 忄 忲 協 協 協

憐 (3급) 불쌍히 여길 련(연)
丶 丶 忄 忄 忄 忰 忴 忴
忴 忴 忴 忴 憐 憐

扶 (3급) 도울 부
一 十 扌 扌 扌 扶 扶

고가품, 고음, 동병상련, 불협화음, 상부상조, 상품, 선수, 선인, 인상, 협동, 협약

동병상련 : 같은 병을 앓는 사람끼리 서로 가엾게 여긴다는 뜻으로, 어려운 처지에 있는 사람끼리 서로 가엾게 여김을 이르는 말.

불협화음 : 둘 이상의 음이 동시에 날 때, 서로 어울리지 아니하여 불안정한 느낌을 주는 음.

상부상조 : 서로서로 도움.

고가품 : 값이 비싼 물품.

선인 : 전대의 사람.

선수 : 남이 하기 전에 앞질러 하는 행동.

협약 : 협상에 의하여 조약을 맺음. 또는 그 조약.

50

8급

一	한 일	一

7급

不	아닐 불(부)	一 ㄱ 不 不
有	있을 유	一 ナ 才 有 有 有
名	이름 명	丿 ク タ タ 名 名

6급

今	이제 금	丿 人 亼 今
始	처음 시	〈 女 女 女 如 始 始 始
聞	들을 문	丨 ㄱ ㄱ ㄱ ㄱ 門 門 門 門 門 門 門 門 聞
合	합할 합	丿 人 亼 亼 合 合
開	열 개	丨 ㄱ ㄱ ㄱ ㄱ 門 門 門 門 門 門 開
明	밝을 명	丨 ㄇ 日 日 明 明 明 明
席	자리 석	丶 亠 广 广 广 产 产 产 席 席

5급

無	없을 무	丿 ㅗ 二 ㅗ 無 無 無 無 無 無 無 無
初	처음 초	丶 ㄱ 衤 衤 衤 初 初
見	볼 견	丨 ㄇ 月 月 目 貝 見

정답은 124쪽에 있습니다.

 가로 열쇠

❶ 바로 지금 처음으로 들음.

❷ 제 눈으로 직접 한 번 보는 것만 못함을 이르는 말.(예 백문이 ○○○○.)

❸ 이름만 그럴듯하고 실속은 없음.

❹ 까마귀가 모인 것처럼 질서가 없이 모인 병졸이라는 뜻으로, 임시로 모여들어서 규율이 없고 무질서한 병졸 또는 군중을 이르는 말.

 세로 열쇠

❶ 행동이나 일 따위를 시작함.

❷ 처음에 세운 뜻을 끝까지 밀고 나감.

❸ 물 따위가 맑지 못하고 흐릿함.

❹ 매실나무의 열매. 맛은 달면서도 새콤하다.

❺ 한자리에 같이 앉음.

 實 열매 실
丶丶宀宀宀宀宀宀宀
宀宀宀宀實實

 卒 마칠 졸, 군사 졸
丶亠亠产产产卒卒

4급

 如 같을 여
乚乚乚如如如

志 뜻 지
一十士士志志志

3급

烏 까마귀 오
丶丿
户户户烏烏烏烏烏

之 갈 지, ~의 지
丶丶亠之

透 사무칠 투, 통할 투
丿二千
千禾禾秀秀透透透

 梅 매화 매
一十才木
木木柠柠梅梅梅梅

貫 꿸 관
乚口四毌毌
貝貝貝貝貝貫

 보기

개시, 금시초문, 매실, 무용지물, 불여일견, 불투명, 오합지졸, 초지일관, 합석

금시초문 : 바로 지금 처음으로 들음.

불여일견 : 제 눈으로 직접 한 번 보는 것만 못함을 이르는 말.

오합지졸 : 까마귀가 모인 것처럼 질서가 없이 모인 병졸이라는 뜻으로, 임시로 모여들어서 규율이 없고 무질서한 병졸 또는 군중을 이르는 말.

유명무실 : 이름만 그럴듯하고 실속은 없음.

초지일관 : 처음에 세운 뜻을 끝까지 밀고 나감.

51

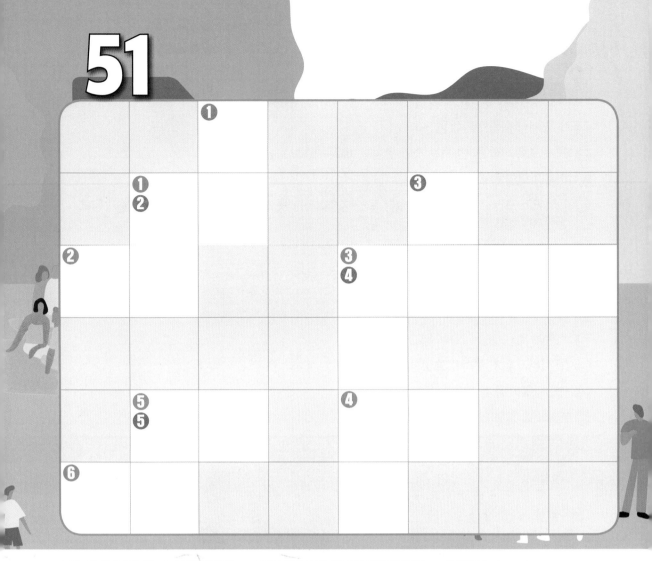

8급		
木	나무 목	一 十 才 木
土	흙 토	一 十 土

7급

農	농사 농	丶 冂 曰 由 曲 曲 曲 芦 芦 農 農 農 農
事	일 사	一 一 一 口 尸 写 写 事
地	땅 지	一 十 土 圹 圹 地 地

5급

結	맺을 결	丶 纟 纟 纟 糸 糸 糸 紆 紆 結 結 結 結
陸	뭍 륙(육)	丶 阝 阝 阝 阽 阽 陟 陸 陸 陸 陸
變	변할 변	言 言 言 絲 絲 絲 絲 絲 絲 絲 絲 絲 絲 變 變 變

4급

甲	갑옷 갑, 첫째 천간 갑	丨 冂 曰 日 甲

器	그릇 기	丶 冂 口 叩 吅 吅 哭 哭 哭 器 器 器 器 器
論	논할 론(논)	丶 亠 亠 言 言 言 言 訡 訡 訡 論 論 論 論 論
武	호반 무, 굳셀 무	一 一 二 干 千 武 武 武
政	정사 정	一 丁 下 下 下 正 正 正 政 政 政
治	다스릴 치	丶 氵 氵 汁 治 治 治 治
申	아홉째 지지 신	丨 冂 曰 日 申

가로 열쇠

❶ 땅과 하천 따위를 고쳐 만드는 공사. 강과 내를 고쳐 닦고, 항구를 쌓고, 길을 닦고, 굴을 파고, 철도를 놓는 일 따위이다.

❷ 전쟁이나 싸움에 사용되는 기구를 통틀어 이르는 말.

❸ 여러 사람이 서로 자신의 주장을 내세우며 상대편의 주장을 반박함.

❹ 나라를 다스리는 일.

❺ 곡식, 채소 따위의 씨나 모종을 심어 기르고 거두는 일.

❻ 강이나 바다와 같이 물이 있는 곳을 제외한 지구의 겉면. ≒땅

 세로 열쇠

❶ 옮겨 심는 어린나무.

❷ 원시 시대에 쓰던, 흙으로 만든 그릇. 모양, 무늬 따위로 민족과 시대의 특색을 나타낸다.

❸ 말이나 글의 끝을 맺는 부분. 또는 최종적으로 내리는 판단.

❹ 조선 고종 21년(1884)에 김옥균, 박영효 등의 개화당이 민씨 일파를 몰아내고 혁신적인 정부를 세우기 위하여 일으킨 정변. 거사 이틀 후에 민씨 등의 수구당과 청나라 군사의 반격을 받아 실패로 돌아갔다.

❺ 농사짓는 데 쓰는 땅.

 (3급) 모 묘
一 十 艹 艹 芢 芢 莆 苗 苗

 (3급) 아무 을, 새 을
乙

 (1급) 논박할 박
丨 丆 丆 丆 뙤 馬 馬 馬 馬
馬 馬ノ 馬ノ 馭 駁

보기

갑론을박, 갑신정변, 결론, 농사, 농지, 묘목, 무기, 육지, 정치, 토기, 토목

갑론을박 : 여러 사람이 서로 자신의 주장을 내세우며 상대편의 주장을 반박함.

갑신정변 : 조선 고종 21년(1884)에 김옥균, 박영효 등의 개화당이 민씨 일파를 몰아내고 혁신적인 정부를 세우기 위하여 일으킨 정변.

정치 : 나라를 다스리는 일. 국가의 권력을 획득하고 유지하며 행사하는 활동으로, 국민들이 인간다운 삶을 영위하게 하고 상호 간의 이해를 조정하며, 사회 질서를 바로잡는 따위의 역할을 한다.

토기 : 원시 시대에 쓰던, 흙으로 만든 그릇.

토목 : 흙과 나무를 아울러 이르는 말. 또는 땅과 하천 따위를 고쳐 만드는 공사.

52

	8급	
東	동녘 동	一 厂 爪 亓 百 盲 東 東
母	어머니 모	乚 ﾐ 母 母 母
國	나라 국	丨 冂 冂 厈 同 同 同 国 國 國 國
西	서녘 서	一 厂 厂 西 西 西

	7급	
家	집 가	宀 宀 宀 宂 宇 宇 家 家 家
老	늙을 로(노)	一 十 土 尹 老 老
工	장인 공	一 T 工
事	일 사	一 ｢ 亓 百 写 写 事
海	바다 해	丶 ｀ ｆ 氵 沪 沪 海 海 海 海

	6급	
本	근본 본	一 十 才 木 本
京	서울 경	丶 一 六 古 古 亨 京 京

	5급	
基	터 기	一 十 廿 廿 甘 其 其 其 基 基 基
完	완전할 완	丶 宀 宀 宁 完 完

정답은 124쪽에 있습니다.

 가로 열쇠

① 일본의 수도인 '도쿄'를 우리 한자음으로 읽은 이름.

② 서쪽에 있는 해안.

③ 목표한 지점까지 다 달림.

④ 인간이 태어날 때부터 가지고 있는 기본적인 권리. 자유권, 참정권, 사회권 따위가 있다.

⑤ 늙은 어머니.

⑥ 따로 세간을 나기 이전의 집. ≒본집

 세로 열쇠

① '동쪽으로 뛰고 서쪽으로 뛴다'는 뜻으로, 사방으로 이리저리 몹시 바쁘게 돌아다님.

② 구조물을 지탱할 수 있도록 기반을 다지는 공사.

③ 어진 어머니.(예 어진 어머니이면서 착한 아내를 '○○ 양처'라고 한다.)

④ 자기 국적이 있는 나라. 또는 말하는 이가 공식적인 자리에서 자기 나라를 이르는 말.

4급

 權 권세 권　一十十才才 ボ ボ ボ ボ ボ ボ ボ ボ ボ 柞 桔 桔 桔 椎 權 權 權

 走 달릴 주　一 十 土 キ キ キ 走 走

賢 어질 현　一 丁 丐 丐 丐 臣 臤 臤 臤 臤 賢 賢 賢 賢

3급

 岸 언덕 안　' 屮 屮 屮 屮 屵 屵 屵 岸

奔 달릴 분　一 ナ 大 太 本 杢 奔 奔

 礎 주춧돌 초　一 丆 石 石 石 石 石 石 石 石 磋 磋 礎 礎 礎 礎 礎

 보기

기본권, 기초공사, 노모, 동경, 동분서주, 본가, 본국, 서해안, 완주, 현모

기초공사 : 구조물을 지탱할 수 있도록 기반을 다지는 공사.

동분서주 : 동쪽으로 뛰고 서쪽으로 뛴다는 뜻으로, 사방으로 이리저리 몹시 바쁘게 돌아다님을 이르는 말.

기본권 : 인간이 태어날 때부터 가지고 있는 기본적인 권리.

본국 : 자기 국적이 있는 나라. 또는 말하는 이가 공식적인 자리에서 자기 나라를 이르는 말.

완주 : 복표한 지점까지 다 달림.

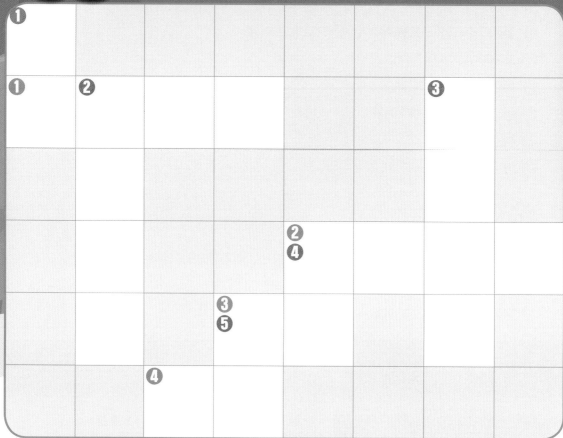

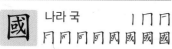

8급		7급		6급	
國	나라 국 丨冂冃冃冃同同同國國國國	自	스스로 자 丨丿冂冃自自	意	뜻 의 丶一立立立 产音音音音意意意
木	나무 목 一十才木	川	내 천 丿刂川		**5급**
山	메 산 丨山山	草	풀 초 一艹艹艹芑芑草草草	他	다를 타 丿亻仂仳他
人	사람 인 丿人	出	날 출 丨屮中出出		**4급**
		海	바다 해 丶丶丶氵氵汇汇海海海海	適	맞을 적 丶一冂门内内南商商 商商商滴滴滴適
				暴	사나울 폭(포), 쬘 폭 丨丨冂冂冃旦早昊昊 昊昊暴暴暴暴暴

정답은 124쪽에 있습니다.

 가로 열쇠

❶ 사람이 산을 이루고 바다를 이루었다는 뜻으로, 사람이 수없이 많이 모인 상태를 이르는 말.

❷ 절망에 빠져 자신을 스스로 포기하고 돌아보지 아니함.

❸ 다른 사람의 생각이나 의견.

❹ 나라의 국경 밖으로 나감.

세로 열쇠

❶ 다른 사람.

❷ 산과 내와 풀과 나무라는 뜻으로, '자연'을 이르는 말.

❸ 속세를 떠나 아무 속박 없이 조용하고 편안하게 삶.

❹ 자기의 생각이나 의견.

❺ 자기 나라가 아닌 남의 나라.

3급

棄 버릴 기
`丶 亠 亠 亠 产 产`
`产 查 棄 棄 棄`

悠 멀 유 `丿 亻 亻`
`竹 竹 攸 攸 悠 悠 悠`

 보기

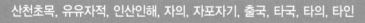
산천초목, 유유자적, 인산인해, 자의, 자포자기, 출국, 타국, 타의, 타인

산천초목 : 산과 내와 풀과 나무라는 뜻으로, '자연'을 이르는 말.

유유자적 : 속세를 떠나 아무 속박 없이 조용하고 편안하게 삶.

인산인해 : 사람이 산을 이루고 바다를 이루었다는 뜻으로, 사람이 수없이 많이 모인 상태를 이르는 말.

자포자기 : 절망에 빠져 자신을 스스로 포기하고 돌아보지 아니함.

출국 : 나라의 국경 밖으로 나감.

타의 : 다른 사람의 생각이나 의견.

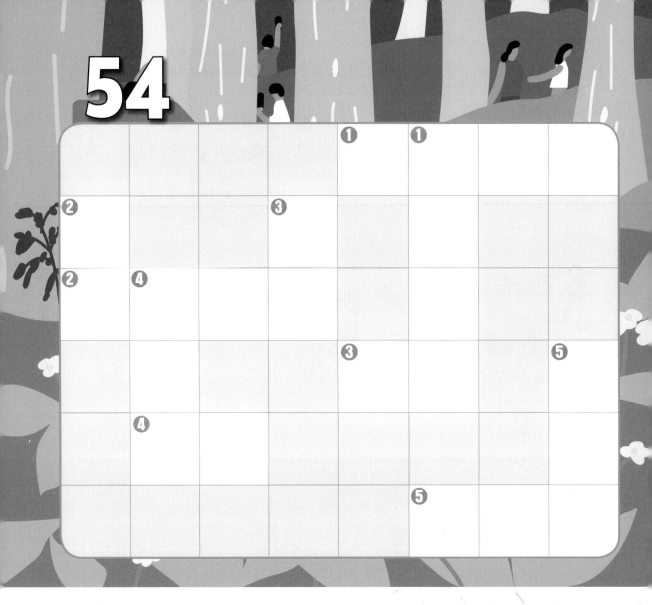

54

8급

金 쇠 금, 성씨 김
ノ 人 人 스 스 수 余 余 金

人 사람 인
ノ 人

7급

手 손 수
一 二 三 手

數 셈 수
口 田 田 母 里 昌 貴 婁 婁 數 數 數

自 스스로 자
ノ ィ 竹 白 自 自

車 수레 차(거)
一 ィ 戸 百 亘 車

力 힘 력(역)
フ 力

5급

料 헤아릴 료(요)
ヽ ヽ 丷 斗 才 米 米 米 料 料

無 없을 무 ノ ノ 二 二 缶
缶 缶 無 無 無 無 無

束 묶을 속
一 ㄷ 市 市 束 束

約 맺을 약
幺 幺 糸 糸 糸 紆 約 約

4급

政 정사 정 一 丁 F
F 正 正 政 政 政

虛 빌 허 一 卜 卜 广
广 虍 虍 虍 虗 虗 虛 虛

列 벌일 렬(열)
一 ㄱ 歹 歹 列 列

정답은 124쪽에 있습니다.

 가로 열쇠

❶ 터무니없이 거짓되고 실속이 없다.

❷ 손을 묶은 것처럼 어찌할 도리가 없어 꼼짝 못 함.

❸ 여러 개의 찻간을 길게 이어 놓은 차량. 흔히 전철이나 기차 따위를 이른다.

❹ 사물을 사용 · 소비 · 관람한 대가로 치르는 돈.

❺ 사람이 타고 앉아 두 다리의 힘으로 바퀴를 돌려서 가게 된 탈것. 안장에 올라앉아 두 손으로 핸들을 잡고 두 발로 페달을 교대로 밟아 체인으로 바퀴를 돌리게 되어 있다.

세로 열쇠

❶ 차비를 내지 않고 차를 탐.

❷ 다른 사람과 앞으로 일을 어떻게 할 것인가를 미리 정하여 둠. 또는 그렇게 정한 내용.
(예 ○○ 시간을 지키다.)

❸ 정치적 목적을 실현하기 위한 방책.

❹ 어떤 일을 맡아 처리해 준 데 대한 대가로서 주는 요금.(예 부동산 중개 ○○○)

❺ 사람이 끄는, 바퀴가 두 개 달린 수레. 주로 사람을 태운다.

轉 구를 전
一 口 戶 戶 百 亘 車 車 車 軒
軒 軒 軒 軒 軒 軒 轉 轉

3급

孟 맏 맹
了 了
子 子 舌 孟 孟 孟

浪 물결 랑(낭)
丶 冫 氵
氵 氵 沪 沪 浪 浪 浪

賃 품삯 임
丿 亻 仁 仟 任 任 賃 賃
賃 賃 賃 賃

策 꾀 책
丿 丿 丬 丬 竺 竺 竺 竺
竺 竺 笃 策

乘 탈 승
一 二 千
千 千 舌 乖 乖 乘 乘

 보기

무임승차, 속수무책, 수수료, 약속, 열차, 요금, 인력거, 자전거, 정책, 허무맹랑

무임승차 : 차비를 내지 않고 차를 탐.

속수무책 : 손을 묶은 것처럼 어찌할 도리가 없어 꼼짝 못 함.

허무맹랑 : 터무니없이 거짓되고 실속이 없다.

수수료 : 어떤 일을 맡아 처리해 준 데 대한 대가로서 주는 요금.

정책 : 정치적 목적을 실현하기 위한 방책.

55

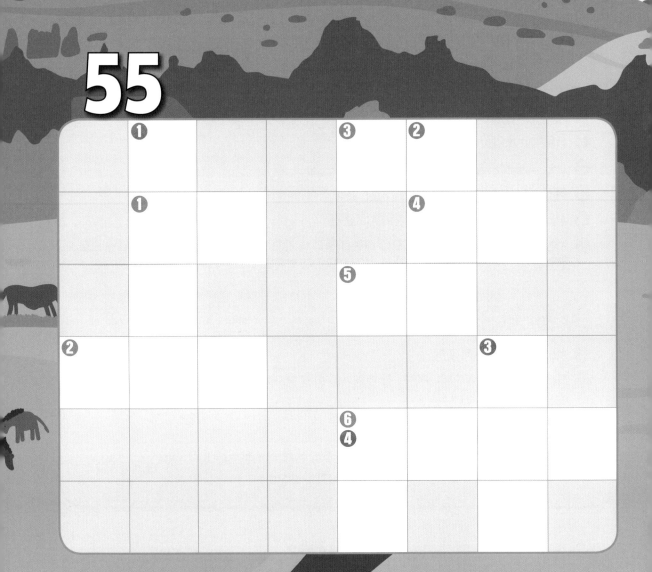

정답은 124쪽에 있습니다.

 가로 열쇠

❶ 사람이나 사물이 틀림없다고 믿어 의심하지 아니함, 또는 그런 믿음성의 정도.

❷ 범죄의 혐의가 뚜렷하지 않아 정식으로 입건되지는 않았으나, 내부적으로 조사의 대상이 된 사람.

❸ 퇴근 시간이 지나 밤늦게까지 하는 근무.

❹ 몸을 움직여 일을 함.

❺ 책, 신문, 잡지 등의 글을 읽는 사람.

❻ 낮에는 농사짓고, 밤에는 글을 읽는다는 뜻으로, 어려운 여건 속에서도 꿋꿋이 공부함을 이르는 말.

세로 열쇠

❶ 얼마쯤 믿으면서도 한편으로는 의심함.

❷ 근로에 의한 소득으로 생활을 하는 사람.

❸ 어떤 행사에 앞서 그 전날 밤에 베푸는 축제.

❹ 햇빛으로 말미암은 낮 동안의 빛, 또는 그런 밝음.(예 조명에서 햇빛에 가까운 색을 '○○색'이라고 한다.)

勤 부지런할 근
一 十 廿 廿 廿 芇 苗 苗
苗 堇 堇 勤 勤

祭 제사 제 ノ ク タ タ
夗 奴 奴 祭 祭 祭 祭

耕 (3급) 밭 갈 경 一 二 三
丰 耓 耒 耒 耒 耕 耕

보기

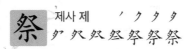
근로자, 노동, 독자, 반신반의, 신용, 야근, 용의자, 전야제, 주경야독, 주광

반신반의 : 얼마쯤 믿으면서도 한편으로는 의심함.

주경야독 : 낮에는 농사짓고, 밤에는 글을 읽는다는 뜻으로, 어려운 여건 속에서도 꿋꿋이 공부함을 이르는 말.

근로자 : 근로에 의한 소득으로 생활을 하는 사람.

신용 : 사람이나 사물이 틀림없다고 믿어 의심하지 아니함. 또는 그런 믿음성의 정도.

용의자 : 범죄의 혐의가 뚜렷하지 않아 정식으로 입건되지는 않았으나, 내부적으로 조사의 대상이 된 사람.

전야제 : 어떤 행사에 앞서 그 전날 밤에 베푸는 축제.

無限挑戰
한자퍼즐
정답

01 (6쪽)

	萬	年	雪				
	里		上				
船	長		加	工		下	女
	城		霜		登	校	
					龍		
				窓	門		

02 (8쪽)

			勞	苦			
以	心	傳	心		元	祖	
上			焦			父	
			思	考		母	女
				古	木		
				學			

03 (10쪽)

			小	說			
				往			
				說	教		
	苦	盡	甘	來		南	韓
先	生				風	向	
					聞		

04 (12쪽)

	十	字	架			
空	中		奇	想	天	外
	八					交
	九	死	一	生		
		傷	家	出		
		者		國	語	

05 (14쪽)

住	民			日	記	
居			放	課		
易	地	思	之		正	午
		考		後	門	
		方	今			
		式				

06 (16쪽)

		言	語				
			不				
	一		成	長			
甘	言	利	說				
	之			海	軍		漁
	下	流			士	大	夫

07 (18쪽)

	老		不	可	侵		
消	化	不	良			國	家
失						慶	
		豊				日	刊
	少	年		學	校		
				生			

08 (20쪽)

			飲	料			
無	爲	徒	食			一	品
關						人	
安	心				富	者	
全	富				益		
	農	村		貧	富		

09 (22쪽)

		對					
死	生	決	斷			無	
	活		水	力	發	電	
					明		
			金	庫		白	馬
			品			雪	

10 (24쪽)

			弘			呼	
			益			兄	弟
眼	下	無	人			呼	
科			間	食		弟	子
	水			口	實		
專	門	家					

11 (26쪽)

		自	敍	傳			
		激		說	明		
必		之			白	色	
是	非	之	心	運			
	番		言	行	一	致	
			論				

12 (28쪽)

	右							
作	心	三	日		在	外		
	室		光			交	友	
			人			大		
			案	件		使	節	約
			費	用				

13 (30쪽)

	甲					馬	車
白	骨	難	忘			耳	洋
	文		却			東	風
	字						
		出			車		
耳	目	口	鼻		道	知	事

14 (32쪽)

	同	名	異	人			同
	苦			權			床
	同						異
打	樂	器		非	夢	似	夢
破			道	理			
		家	具				

15 (34쪽)

		溫				人	
竹	馬	故	友			之	習
		知				常	
五		新	聞		母	情	
大	路			適	性		
洋					愛	人	

16 (36쪽)

	多	福				鐵	橋
	多			多	方	面	
貧	益	貧		數		皮	
	善		親				
	義	兄	弟			發	
	弟			放	火		

17 (38쪽)

			見	學			
無	用	之	物				
病			生	命		先	金
長	短		心		歷	史	
壽						時	計
					古	代	

18 (40쪽)

			清	風	明	月	
先	見	之	明				服
約				風	化	作	用
		商		前		品	
水		街	路	燈			
中	心			火			

19 (42쪽)

			卒	年			
中	小	企	業				
國				烏	飛	梨	落
					行		下
			自	販	機		
			動				

20 (44쪽)

十	匙	一	飯		夫		
			片		主	婦	
			丹		人		
			心	身		速	力
				分	家		不
				屋	上		足

21 (46쪽)

			晝	夜		體	
左	右	之	間		教	育	
	往			農			高
	左			漁	夫	之	利
	往	來		民			貸
							金

22 (48쪽)

	新		非		正	月	
人	生	無	常			食	
	兒						元
				公	課		金
兄	氏			企	業		
夫							

23 (50쪽)

	農	村			文		
	作				化		
財	物			家	財	道	具
力			外	勢			現
		假	面				
		名					

24 (52쪽)

			北	風			
			極			大	型
北	斗	七	星			義	
京		夕				名	曲
						分	
					充		
					止	血	

25 (54쪽)

亡					北	東	風
立	身	揚	名			問	海
春			實	名		西	海
			相		正	答	
喪	中		符			東	
主							

26 (56쪽)

		成	形	手	術		孫
青	少	年				父	子
果		式		校	門		
					前		
國			故	事	成	語	
土	地		國		市		

27 (58쪽)

目	不	忍	見		一		未
不		耐	不		問	可	知
識				一			數
丁		脫		答	禮		
	好	衣	好	食			
不	況		水				

28 (60쪽)

人	相	着	衣				去
	對		食			未	來
	的		住	宅		成	
海			心		面	年	
物	心	兩	面	會	談		
	理						

29 (62쪽)

	光			謹	賀	新	年
公	明	正	大		記	錄	
平			賞	品		音	樂
	美						
	男	女	老	少			
	人						

30 (64쪽)

	黃	沙		陸		起	
		上				死	亡
	的	上	樓	閣		回	
空	中	樓	閣		私	生	活
間					服		魚

31 (66쪽)

			非	一	非	再	
			正			發	
		沒	常	識		見	本
							心
	無						
	意	見					
知	識						

32 (68쪽)

	江		一	石			賊
他	山	之	石	律	背	反	
鄉			二	鳥			荷
	不	死			外		杖
滿	足				國	民	

33 (70쪽)

自	信	滿	滿		滿	天	下
			場			高	
			一		兵	馬	肥
		理	致				
			四	君	子		
			季		女	丈	夫

34 (72쪽)

三	尺	童	子		安	否
順	位	話			貧	
	一	冊	房		樂	園
身	體	門			道	
				潮		
	樂	山	樂	水		

35 (74쪽)

		娛			
搖	動	樂		三	
之		客	室	寒	
坐	不	安	席	四	寸
	動			高	溫
		等	級		

36 (76쪽)

			始	終	一	貫
苦	臨				場	
山	戰	水	戰	青	春	
	無				夢	
	退	場				
	面					

37 (78쪽)

家					決	戰
杜	門	不	出	經	濟	
	産	油		國		
	密			濟		
	集	合		世		
	計	算		界		

38 (80쪽)

		若			開	業
		干	涉		梅	花
			外	勤		和
無			勞	動	組	合
名	不	虛	傳			立
吉						

39 (82쪽)

		許			照	明
莫	無	可	奈			文
上				正		化
莫			訂	正		
燈	下	不	明	堂	堂	
				堂		

40 (84쪽)

			越		中	
吾	鼻	三	尺		耳	
		角		鼻	炎	
		關	節			
		係	原			速
			因	果	應	報

41 (86쪽)

	失	敗				
故	鄉		作		殺	害
	民	敗	家	亡	身	
		血			成	火
健	忘	症			仁	
康						

45 (94쪽)

				寒				
		超	音	波		高	下	
高			音		越	等		
速	戰	速	決			學	校	
道						校	室	
路								

42 (88쪽)

			傳	來			
白	手	乾	達		紛		丈
沙		魚		早	失	父	母
場		物	價			傳	
					君	子	
						傳	

46 (96쪽)

					安	寧		
	異		無	酌	定		難	
衆	口	難	防				兄	
	同		備				難	
名	聲					首	弟	子
家								

43 (90쪽)

五	感					回
里					感	想
霧		輕	舉	妄	動	
中		注	油	言	外	科
		力			換	

47 (98쪽)

		幸	運				
轉	禍	爲	福		無	作	爲
學					錢		
		偏	見		取		
	夜	食		缺	食		
年	間						

44 (92쪽)

浩		千				工
然		辛			道	學
之						
氣	高	萬	丈	通	路	
		苦		風		
			有	口	無	言

48 (100쪽)

				日	就	月	將
丹	青				任	校	友
	出						
	於	中	間		教	科	書
	藍			入	養		店
				金			

49 (102쪽)

	協	同			不		
人		病			協	約	
相	扶	相	助		和	音	
		憐		高	價		
						先	人
				商	品	手	

50 (104쪽)

	開						
今	始	初	聞				梅
		志		有	名	無	實
不	如	一	見				
透		貫		烏	合	之	卒
明					席		

51 (106쪽)

		苗					
	土	木			結		
武	器			甲	論	乙	駁
				申			
	農	事		政	治		
陸	地			變			

52 (108쪽)

					基	本	權
	東	京			礎		
	奔				工		
	西	海	岸		事		
完	走			賢		本	家
				老	母	國	

53 (110쪽)

他							
人	山	人	海			悠	
	川					悠	
	草			自	暴	自	棄
	木		他	意		適	
		出	國				

54 (112쪽)

				虛	無	孟	浪
約			政		賃	乘	
束	手	無	策		列	車	人
	數						力
料	金				自	轉	車

55 (114쪽)

半				夜	勤		
信	用			勞	動		
半				讀	者		
容	疑	者			前		
				晝	耕	夜	讀
				光	祭		

한자를 알면 어휘가 보인다

큰그림 편집부 지음 | 7,000원 | 148쪽

한자를 알면 어휘가 보인다 사자성어 200

- 수능 대비 어휘력 향상
- 한문 교과서에 나오는 사자성어 수록
- 한자 '멋글씨' 연습
- 사자성어의 상황별 분류

13일 동안 30분씩
한자 어휘에 도전해 보세요!

첫째마당_ 사람의 마음

둘째마당_ 인생

셋째마당_ 좋고 나쁘고, 많고 적고

넷째마당_ 어리석음과 지혜로움

다섯째마당_ 말과 행동

여섯째마당_ 숫자, 속담, 위기 상황

큰그림 편집부 지음 | 7,000원 | 136쪽

한자를 알면 어휘가 보인다 기초한자 700

13일 동안 30분씩
한자 어휘에 도전해 보세요!

기초 한자 쓰기 700개
한자 단어 쓰기 565개
반대어 쓰기 100개의
한자 쓰기에 도전해 보세요!

: 무한도전 낱말퍼즐 :

무한도전 낱말퍼즐 한국사

편집부 │ 8,000원 │ 124쪽

무한도전 낱말퍼즐 과학

편집부 │ 8,000원 │ 126쪽

: 초등학생을 위한 바른손글씨 :

초등학생을 위한
바른 손글씨 한국사 330

편집부 │ 8,500원 │ 112쪽

초등학생을 위한
바른 손글씨 사회 330

편집부 │ 8,500원 │ 104쪽

초등학생을 위한
바른 손글씨 과학 330

편집부 │ 8,500원 │ 96쪽